Betreuungsrecht und Patientenverfügungen

Ernst Bühler, Rita Kren, Konrad Stolz

Betreuungsrecht und Patientenverfügungen

Praktische Informationen für Ärzte und Interessierte

5., aktualisierte Auflage

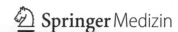

Autoren

Dr. med. Ernst Bühler MHM
Kreiskliniken Esslingen
Charlottenstraße 10
73230 Kirchheim

Rita Kren
Hertfelder Straße 72
73733 Esslingen

Prof. jur. Konrad Stolz
Stoßäckerstraße 54
70563 Stuttgart

Bibliografische Information der Deutschen Bibliothek
Die Deutsche Bibliothek verzeichnet diese Publikation in der Deutschen Nationalbibliografie;
detaillierte bibliografische Daten sind im Internet über http://dnb.ddb.de abrufbar.

Die Wiedergabe von Gebrauchsnamen, Handelsnamen, Warenbezeichnungen usw. in diesem Werk berechtigt
auch ohne besondere Kennzeichnung nicht zu der Annahme, dass solche Namen im Sinne der Warenzeichen-
und Markenschutz-Gesetzgebung als frei zu betrachten wären und daher von jedermann benutzt werden dürften.

Produkthaftung: Für Angaben über Dosierungsanweisungen und Applikationsformen kann vom Verlag keine
Gewähr übernommen werden. Derartige Angaben müssen vom jeweiligen Anwender im Einzelfall anhand
anderer Literaturstellen auf ihre Richtigkeit überprüft werden.

5., aktualisierte Auflage: Springer Medizin © Springer Medizin Verlag GmbH 2015
Urban & Vogel ist ein Unternehmen der Fachverlagsgruppe Springer Science+Business Media

Layout: Ute Schneider, www.u-s-design.com, München
Satz: Hilger VerlagsService, Heidelberg
Druck: fgb · freiburger graphische betriebe gmbh, www.fgb.de

ISBN 978-3-89935-294-8

Inhalt

Vorwort 9

1 Ärztlicher Heilauftrag und Selbstbestimmungsrecht
   des Patienten 11

2 Einwilligungsfähigkeit des Patienten 13
   2.1 Definition für Einwilligungsfähigkeit 13
   2.2 Kriterien für Einwilligungsunfähigkeit 13
   2.3 Praktische Vorgehensweise bei der Beurteilung
        der Einwilligungsfähigkeit 14
   2.4 Bei Einwilligungsunfähigkeit des Patienten:
        Einwilligung eines Stellvertreters 16
   2.5 Anregung der Bestellung eines gesetzlichen
        Betreuers durch den Arzt 17

3 Vollmacht statt gesetzlicher Betreuung 20
   3.1 „Vorsorgevollmacht" 20
   3.2 Umfang der Vollmacht 20
   3.3 Voraussetzung und Form der Vollmacht 21
   3.4 Gesundheitsvollmacht 21
   3.5 Vollmacht ist Vertrauenssache 22
   3.6 Betreuungsverfügung 22
   3.7 Vorsorgevollmacht bzw. gesetzliche Betreuung
        bei Klinikaufnahme 22

4 Zusammenarbeit des Arztes mit dem Stellvertreter 24
   4.1 Aufgaben und Pflichten des Stellvertreters 24
   4.2 Aufgabenverteilung zwischen Arzt
        und Stellvertreter 24
   4.3 Schutzfunktion des Stellvertreters 25

5 Ärztliche Therapieentscheidung im Eilfall 26

6   „Gefährliche" ärztliche Maßnahmen 27
6.1   § 1904 Bürgerliches Gesetzbuch (BGB) 27
6.2   Was ist „gefährlich"? 27
6.3   Gerichtliches Verfahren 29
6.4   Wer stellt den Antrag? 29

7   Freiheitsentziehende Unterbringung 31
7.1   Öffentlich-rechtliche Unterbringung 31
7.2   Zivilrechtliche Unterbringung 31

8   Freiheitsentziehende Maßnahmen
in Einrichtungen 33
8.1   Freiheitsentziehende Schutzmaßnahmen 33
8.2   Alternativen zu Freiheitsentziehungen 33
8.3   Definition freiheitsentziehender Maßnahmen 34
8.4   Anordnung durch den Arzt 35
8.5   Freiheitsentziehungen im Notfall 35
8.6   Keine Freiheitsentziehung bei Einwilligung
oder Unfähigkeit zur Fortbewegung 36
8.7   Verantwortung des gesetzlichen Betreuers/
des Bevollmächtigten 36
8.8   Gerichtliche Eilentscheidungen 37

9   Freiheitsentziehende Maßnahmen
im häuslichen Bereich 38
9.1   Keine Genehmigung erforderlich 38
9.2   Betreuerbestellung oder Vorsorgevollmacht 39

10   Patientenverfügungen 41
10.1 Vorausverfügung für den Fall der Entscheidungsunfähigkeit 41
10.2 Gesetzliche Regelung im Überblick 41
10.3 Empfehlungen für eine Patientenverfügung 42
10.4 Umsetzung einer Patientenverfügung 43
10.5 Patientenverfügungen in Notfallsituationen 48
10.6 Pflegeverfügung 49

11   Sterbehilfe und Sterbebegleitung 50
   11.1 Definitionen der Sterbehilfe 50
   11.2 Palliative Care 51
   11.3 Ethische Aspekte 55
   11.4 Gegenwärtige gesellschaftliche Entwicklungen
          und Auswirkungen auf das Gesundheitssystem . . . 60

12   Das Wichtigste für den Arzt kurzgefasst 62

13   Beratung zu vorsorgenden Verfügungen 63
   13.1 Beratung ist wichtig 63
   13.2 Warum Beratung durch den Arzt? 63
   13.3 Ziel der Beratung 64
   13.4 Wichtige Fragen in der Beratung 65
   13.5 Stichpunkte zur Technik der Gesprächsführung . . . 66
   13.6 Wichtige Hinweise 66
   13.7 Checkliste für die anzusprechenden Punkte 67
   13.8 Praktische Hinweise zur Beratung 68
   13.9 Advance care planning 69

Anhang

Gesetzestexte 73

Literatur 81

Musterschreiben 83

Vorwort

Mit zunehmender Lebenserwartung nimmt der Anteil älterer Patienten in Praxis und Klinik stark zu. Damit ist auch die wachsende Zahl von Patienten verbunden, die z. B. im Rahmen einer Demenz oder eines Schlaganfalls nicht mehr in der Lage sind, Entscheidungen zu treffen sowie ihre häuslichen Aufgaben und ihre Pflichten selbst zu erledigen. Eine Information über die bestehende Krankheit, ein Gespräch über notwendige diagnostische und therapeutische Maßnahmen stellen häufig ein kaum lösbares Problem dar. Wenn Ärzte unter Zeitdruck Entscheidungen herbeiführen müssen, sind Konflikte häufig unvermeidbar.

Der behandelnde Arzt benötigt jedoch, außer in Notfällen, eine rechtsverbindliche Einwilligung des Patienten. In einer solchen Situation muss eine dritte Person mit Rechtsbefugnis stellvertretend für den Patienten zusammen mit dem Arzt die erforderlichen Therapieentscheidungen treffen. Was kann und muss aus ärztlicher Sicht unternommen werden, damit ein solcher Ansprechpartner und rechtlicher Vertreter zur Verfügung steht?

Unser Ratgeber stellt die Rechtslage knapp und bündig dar. Es werden Mittel und Wege aufgezeigt, wie der Arzt in der Klinik ebenso wie in der hausärztlichen Praxis mit „einwilligungsunfähigen" Patienten umgehen kann. Die hierfür zur Verfügung stehenden rechtlichen Schritte werden aufgezeigt. Damit der Arzt nicht unnötig viel Zeit durch Kontakte mit Ämtern und Gerichten verliert, wurden für die verschiedenen Situationen praktische Formularschreiben entwickelt, die in wenigen Minuten ausgefüllt und abgeschickt werden können.

Wie können Patienten beraten werden, die den Arzt auf die Möglichkeit einer Patientenverfügung und einer Vorsorgevollmacht ansprechen? Was ist bei einer solchen Beratung zu beachten? Welche Bedeutung und welche Konsequenzen haben Vorsorgevollmachten und Patientenverfügungen in der praktischen Arbeit des Arztes? Wie ist die Rechtslage seit der gesetzlichen Regelung der Patientenverfügung zum 1. September 2009? Hier werden aktuelle Fragen der Sterbebegleitung und Sterbehilfe aus rechtlicher, medizinischer und ethischer Sicht dargestellt und in diesem Zusammenhang auf die zunehmende Bedeutung von Palliative Care hingewiesen.

Neben verschiedenen Musterschreiben an Gerichte enthält der Ratgeber auch Mustertexte für Patientenverfügungen, Vollmachten und Betreuungsverfügungen sowie im Anhang einschlägige Gesetzestexte und Literaturhinweise.

Wir hoffen, dass unser Ratgeber Ärzten den Umgang mit dem Betreuungsrecht in der täglichen Praxis erleichtert und sie bei Beratungen der Patienten zu vorsorgenden Verfügungen unterstützt. Darüber hinaus können sich auch andere Berufsgruppen in Klinik und Praxis mit Hilfe des Ratgebers über betreuungsrechtliche Fragen und vorsorgende Verfügungen informieren. Dadurch könnte es zu einem besseren Verständnis für und zwischen den einzelnen Berufsgruppen kommen. Schließlich möchten wir einen Beitrag zum gegenseitigen Verständnis der beteiligten Disziplinen Medizin, Recht und Ethik leisten.

Esslingen, Januar 2015

Ernst Bühler
Rita Kren
Konrad Stolz

1 Ärztlicher Heilauftrag und Selbstbestimmungsrecht des Patienten

Das Selbstbestimmungsrecht des Patienten ist in der deutschen Rechtsordnung allgemein anerkannt. Im Rahmen der Werteordnung des Grundgesetzes kann jeder Patient auf Grund seiner Menschenwürde und seines Persönlichkeitsrechts über seinen Körper und das, was mit ihm geschieht, frei bestimmen.[1]

Nach der ständigen Rechtsprechung schon des Reichsgerichts und auch des Bundesgerichtshofs[2] stellt jede Art von Heilbehandlung, die in die körperliche Integrität eingreift oder das Befinden auch nur vorübergehend beeinträchtigt, eine tatbestandsmäßige Körperverletzung dar, und zwar unabhängig davon, ob die Behandlung erfolgreich oder missglückt, kunstgerecht oder fehlerhaft war. Erst durch die rechtswirksame Einwilligung des Patienten oder eines gesetzlichen oder gewillkürten Stellvertreters (Betreuer oder Bevollmächtigter) wird der Eingriff in die körperliche Integrität gerechtfertigt.

Zivilrechtlich gesehen verletzt eigenmächtiges Handeln des Arztes, also eine Behandlung ohne Einwilligung, das Selbstbestimmungsrecht des Patienten, das als Teil des allgemeinen Persönlichkeitsrechts anzusehen ist.

Selbstbestimmungsrecht vor ärztlichem Heilauftrag

Die Rechtsprechung gibt dem Selbstbestimmungsrecht des Patienten (voluntas aegroti) Vorrang vor dem standesethisch begründeten Heilauftrag des Arztes (salus aegroti). So führt der Bundesgerichtshof in einer Entscheidung vom 13.09.1994 (BGHSt 11, 111 (113)) aus: „Das in Art. 2 Abs. 2 Satz 1 GG gewährleistete Recht auf körperliche Unversehrtheit fordert Berücksichtigung auch bei einem Menschen, der es ablehnt, seine körperliche Unversehrtheit selbst dann preiszugeben, wenn er dadurch von einem lebensgefährlichen Leiden befreit wird. Niemand darf sich zum Richter in der Frage aufwerfen, unter welchen Umständen ein anderer vernünftigerweise bereit sein sollte, seine körperliche Unversehrtheit zu opfern, um dadurch wieder gesund zu werden. Diese Richtlinie ist auch für den Arzt verbindlich.

[1] BGHZ 29, 176 (181)
[2] Seit RGSt 25, 375, 378; BGHSt 12, 379; 29, 33; 29, 176, 179

Zwar ist es sein vornehmstes Recht und seine wesentlichste Pflicht, den kranken Menschen nach Möglichkeit von seinem Leiden zu befreien. Dieses Recht und diese Pflicht finden aber in dem grundsätzlich freien Selbstbestimmungsrecht des Menschen über seinen Körper ihre Grenze." Nach §§ 630 d, e BGB ist der Arzt verpflichtet, vor der Durchführung einer medizinischen Maßnahme die Einwilligung des Patienten einzuholen, nachdem er ihn über sämtliche für die Einwilligung wesentlichen Umstände aufgeklärt hat. Mit Recht verlangen Patienten häufig eine umfassende Aufklärung über ihr Leiden, die vorgeschlagene Therapie oder Alternativen. Ein solches Patientenverhalten wird oft als Ausdruck mangelnden Vertrauens oder als unangemessene Einmischung in die Behandlungsfreiheit interpretiert. Meist ist der Patient mit einer schweren Erkrankung von vornherein in einer schwachen Position. Er ist in Not, nicht selten in Panik und sein inneres Gleichgewicht ist gestört. Den Arzt mit seinem Fachwissen empfindet er häufig als übermächtig. In einer solchen Situation ist es wichtig, dass sich der Arzt dieses „Machtgefälles" bewusst wird und dem Selbstbestimmungsrecht seines Patienten die gebührende Achtung entgegenbringt. Andererseits ist es für den Patienten oft schwer, von seinem Selbstbestimmungsrecht Gebrauch zu machen. Dieses setzt voraus, dass der Patient bereit ist, sich ausreichend zu informieren und Verantwortung für sich, sein Leben und seine Gesundheit zu übernehmen. Mancher kranke Mensch würde sich stattdessen lieber „fallen lassen" und seinem Arzt blind vertrauen. Dieser Patient hat die Möglichkeit, auf eine umfassende Aufklärung zu verzichten. Er kann dies bewusst für sich so entscheiden, nicht jedoch der Arzt für ihn. Im Rahmen einer gegebenen Einwilligung hat der Arzt den Auftrag zu heilen und Leben zu erhalten. Insoweit kann er sich auf seine ärztliche Handlungsfreiheit berufen. Niemand – auch der Patient nicht – darf ihm vorschreiben, anders als nach den Regeln der anerkannten ärztlichen Kunst zu behandeln.

In Notfallsituationen darf und muss natürlich zur Lebensrettung sofort ärztlich behandelt werden, auch ohne vorherige Aufklärung und Einwilligung des Patienten.

Recht auf umfassende Aufklärung

Verzicht auf Aufklärung

ärztliche Handlungsfreiheit

Notfall

2   Einwilligungsfähigkeit des Patienten

2.1   Definition für Einwilligungsfähigkeit

Voraussetzung für die Ausübung des Selbstbestimmungsrechts in Gesundheitsangelegenheiten ist die vorhandene Einwilligungsfähigkeit des Patienten. Im juristischen Sinn handelt es sich dabei um die Fähigkeit, wirksam in ärztliche Maßnahmen einzuwilligen; dies setzt jedoch voraus, dass Art, Bedeutung und Tragweite der Maßnahme – nach entsprechender ärztlicher Aufklärung – vom Patienten erfasst werden können, um den Willen hiernach zu bestimmen. Volle Geschäftsfähigkeit ist nicht erforderlich. Einwilligungsfähigkeit wird manchmal auch als Einsichts- und Steuerungsfähigkeit oder als Entscheidungsfähigkeit – bezogen auf ärztliche Maßnahmen – bezeichnet. Ist ein Patient noch einwilligungsfähig, muss seine Entscheidung akzeptiert werden, auch wenn sie dem ärztlichen Rat nicht entspricht.

Geschäfts- und Einwilligungsfähigkeit

2.2   Kriterien für Einwilligungsunfähigkeit

Ob nun ein Patient noch über die erforderliche Einwilligungsfähigkeit verfügt, ist in der Praxis manchmal schwer zu beurteilen. Als Kriterien, nach denen Zweifel an der Einwilligungsfähigkeit begründet sind, werden von psychiatrischer Seite (Rudolf et al. 1994, S. 68) genannt:

Beurteilung der Einwilligungsfähigkeit

>> Wenn ein Patient sich so verhält, als könne er eine Wahlmöglichkeit nicht nutzen, also z. B. bei katatonem und depressivem Stupor, bei psychotischer Ambivalenz, katatoner oder auch manischer Erregung, bei schweren Zwangszuständen oder bei demenziellem Antriebsverlust bzw. Mutismus oder agitierter Unruhe;

>> wenn der Patient die gegebene Information nicht wirklich versteht, also sie etwa nicht richtig wiedergeben kann, z. B. bei erheblicher geistiger Behinderung oder besonders im Rahmen demenzieller Zustände, bei Störungen der Orientierung, der Auffassung und der Aufmerksamkeit, auch der Merkfähigkeit;

>> wenn der Patient verstandene Informationen für realitätsbezogene, vernünftige und angemessene Entscheidungen nicht zu nutzen ver-

mag, z. B. bei Wahn, Halluzinationen, schweren formalen Denk-
störungen oder mnestischen Störungen, ausgeprägten Affekt-
störungen oder exzessiver Abhängigkeit;

» wenn der Patient keine wirkliche Einsicht in die Natur seiner
Situation und seiner Krankheit hat, also etwa in das Faktum seiner
Erkrankung oder deren Schwere oder seiner Hilfs- bzw. Behand-
lungsbedürftigkeit, z. B. bei wahnhaften Realitätsverzerrungen im
Rahmen psychotischer Erkrankungen oder bei einer die Demenz
charakterisierenden Einschränkung abstrakten Denkens und kri-
tischen bzw. selbstkritischen Urteilsvermögens;

» wenn der Patient sich nicht authentisch, also nicht mehr in Über-
einstimmung mit seinen eigenen „charaktergebundenen" Werten,
Zielen, Haltungen entscheidet, z. B. bei Manien, wahnhaften De-
pressionen oder Schizophrenien bzw. beginnender demenzieller
Wesensänderung.

Die Einwilligungsfähigkeit zu prüfen, ist in erster Linie Sache des
Arztes, der untersuchen oder behandeln will. Die Einwilligung ist
nur wirksam, wenn ihr eine ausreichende Aufklärung über die be-
absichtigte ärztliche Maßnahme vorausgegangen ist. Wer das vom Arzt
geführte Aufklärungsgespräch nicht erfassen oder auf seiner Grundlage keine eigenverantwortliche Entscheidung treffen kann, ist nicht
einwilligungsfähig.

2.3   Praktische Vorgehensweise bei der Beurteilung der Einwilligungsfähigkeit

Idealerweise wird erwartet, dass der Patient ein gleichberechtigter
Partner des Arztes ist, der sich selbstverantwortlich mit dem Arzt
über Diagnostik und Therapie bespricht, mit ihm zu einer gemein-
samen Entscheidung kommt und Mitverantwortung für die verein-
barte Maßnahme trägt. Denn nur durch dieses therapeutische Bünd-
nis kann längerfristig der Erfolg der Behandlung gesichert werden.
Dies setzt allerdings voraus, dass ein einwilligungsfähiger Patient zuvor
ausreichend über seine Erkrankung und die geplanten Maßnahmen
aufgeklärt worden ist.

Zur Beurteilung der Einwilligungsfähigkeit gibt es zwei Modelle. Im objektiven Modell wird die Entscheidung des Patienten in der Einwilligungssituation mit jener eines „vernünftigen Menschen" verglichen, ohne nach den Beweggründen zu fragen, die zur Entscheidung geführt haben. Das subjektive Einwilligungsmodell orientiert sich vorwiegend an der individuellen Störung des Einzelnen und an den Auswirkungen dieser Störung auf die zu treffende Entscheidung. Die meisten Ärzte gehen eher pragmatisch nach dem objektiven Modell vor, obwohl dies sowohl von Juristen als auch von Psychiatern kritisch gesehen wird, da sich nur schwer definieren lässt, was eine „vernünftige Entscheidung" sein soll. Im Allgemeinen wird eben der Arzt seine Entscheidung als „vernünftig" betrachten, womit die Wertvorstellungen und Erwartungen des Patienten oft nicht berücksichtigt werden. Wenn einerseits das Vorgehen nach dem objektiven Modell als simpel und patriarchalisch kritisiert wird, so ist andererseits das Vorgehen nach dem subjektiven Modell sehr komplex und zeitaufwendig. Es fordert im Einzelfall eine psychiatrische Exploration mit Anamnese, Fremdanamnese, aktueller psychiatrischer Befunderhebung sowie Verhaltensbeobachtung. Eine alternative und pragmatische Lösung könnte das Vorgehen nach dem folgenden Fragenkatalog sein:

>> Ist die Willensentscheidung des Patienten von gewisser Dauer bzw. Beständigkeit?
>> Hat der Patient einen Entscheidungsspielraum?
>> Versteht der Patient einigermaßen die Konsequenzen seiner Entscheidung?
>> Ist die Willensentscheidung im Rahmen der Persönlichkeit nachvollziehbar?
>> Ist die Willensentscheidung vernünftig sowie realitätsangemessen und besteht eine gewisse soziale Konformität?
>> Können die Ergebnisse seines Denkens und Wollens sprachlich ausgedrückt werden?
>> Ist die Willensentscheidung begründbar und kann sie gegen Einwände verteidigt werden?
>> Bietet die Willensentscheidung Ansätze zur Umsetzung?

Prüfung der Einwilligungsfähigkeit durch den Arzt

Mit dieser Liste hat auch ein somatisch orientierter Arzt ohne Psychiatrieerfahrung eine Grundlage zur Beurteilung der Einwilligungsfähigkeit.

In der Regel wird man davon ausgehen können, dass die Zustimmung eines aufgeklärten Patienten, bei dem psychotische oder demenzielle Symptome nicht erkennbar sind, einer rechtsverbindlichen Einwilligung entspricht. Andererseits ist aber die Ablehnung einer Behandlung allein noch kein Zeichen für Einwilligungsunfähigkeit. Auch die Diagnose einer psychischen Erkrankung schließt nicht automatisch die Einwilligungsfähigkeit aus, nicht einmal dann, wenn bereits eine gesetzliche Betreuung mit dem Aufgabenkreis „Gesundheitsfürsorge" besteht. In jedem Fall muss der Arzt zunächst prüfen, ob sein Patient bezüglich der anstehenden ärztlichen Maßnahme einwilligungsfähig ist. Ist dies der Fall, entscheidet der Patient selbst, sein Betreuer hat nur beratende Funktion. Ist der Patient einwilligungsunfähig, muss sein Betreuer aufgeklärt werden und stellvertretend für den Patienten entscheiden. Entsprechendes gilt, wenn der Patient eine Vollmacht erteilt hat.

Ablehnung einer Behandlung ist kein Zeichen für Einwilligungsunfähigkeit

2.4 Bei Einwilligungsunfähigkeit des Patienten: Einwilligung eines Stellvertreters

keine Vertretungsbefugnis naher Angehöriger

Unsere Rechtsordnung sieht nicht vor, dass anstelle eines entscheidungsunfähigen Patienten die Angehörigen, z. B. Ehepartner, Geschwister oder Kinder, die erforderlichen Willenserklärungen abgeben und über erforderliche ärztliche Maßnahmen bestimmen dürfen. Dies gilt auch für notwendige Entscheidungen in finanziellen und sonstigen Angelegenheiten.

Ist ein Patient einwilligungsunfähig, darf und muss der Arzt nur im Notfall ohne Einwilligung eines Stellvertreters die aus seiner Sicht dringend erforderlichen Maßnahmen treffen. Liegt kein Notfall vor, muss der Arzt die Einwilligung eines Stellvertreters des Patienten in die indizierte Untersuchung oder Behandlung einholen.

Zuerst sollte der Arzt fragen, ob der Patient, bevor er einwilligungsunfähig wurde, einer Vertrauensperson eine Vollmacht erteilt hat, die den Bereich Gesundheitssorge enthält. Es könnte sich um eine umfassende Vorsorgevollmacht oder eine Spezialvollmacht für Gesundheitsfragen handeln (s. Kap. 3, S. 20). Ist keine solche Vollmacht erteilt worden, ist

Vorsorgevollmacht

weiter zu prüfen, ob für den Patienten vom Betreuungsgericht (früher „Vormundschaftsgericht") ein gesetzlicher Betreuer mit Aufgabenkreis „Gesundheitssorge" oder „Einwilligung in medizinische Maßnahmen" bestellt worden ist. Der erforderliche Aufgabenkreis ist aus der Bestellungsurkunde des Betreuers ersichtlich.

Ist der Patient einwilligungsunfähig und hat er einen Stellvertreter (Bevollmächtigter oder gesetzlicher Betreuer), muss der Arzt diesen anstelle des entscheidungsunfähigen Patienten über indizierte ärztliche Maßnahmen wie Untersuchung, medikamentöse Behandlung oder Operation und deren Risiken und Nebenwirkungen aufklären und von ihm die erforderliche Einwilligung einholen. Eine ärztliche Schweigepflicht besteht gegenüber dem legitimierten Stellvertreter selbstverständlich nicht. Der Stellvertreter könnte in einem Schreiben an den behandelnden Arzt über die Tatsache seiner Vertretungsbefugnis informieren (Musterschreiben 1, S. 85).

Gegen eine offensichtlich falsche Entscheidung eines gesetzlichen Betreuers kann der Arzt das Betreuungsgericht anrufen (Musterschreiben 2, S. 86). Das Betreuungsgericht ist gesetzlich dazu verpflichtet, die Betreuer, die es bestellt hat, auch zu beaufsichtigen. Es kann geeignete Verbote oder Gebote erlassen oder den Betreuer sogar entlassen, wenn er sich als ungeeignet erwiesen hat.

Betreuungsgericht beaufsichtigt den Betreuer

Bei nicht nachvollziehbaren, dem objektiven Interesse des Patienten eindeutig widersprechenden Entscheidungen des Bevollmächtigten oder bei offensichtlichem Missbrauch der Vollmacht kann vom Arzt ebenfalls das Betreuungsgericht angerufen werden (Musterschreiben 3, S. 87). Dieses kann kurzfristig eine Eilentscheidung treffen oder einen sog. Kontrollbetreuer einsetzen, der die Vollmacht ggf. widerrufen kann.

2.5 Anregung der Bestellung eines gesetzlichen Betreuers durch den Arzt

2.5.1 Bestellung und Auswahl des Betreuers

Stellt der Arzt fest, dass sein Patient krankheitsbedingt die ärztliche Aufklärung nicht verstehen und keine rechtswirksame Einwilligung in die erforderliche ärztliche Maßnahme erteilen kann, und wird er weder durch einen Bevollmächtigten noch durch einen Betreuer vertreten, sollte beim zuständigen Betreuungsgericht die Bestellung eines Betreuers angeregt werden (Musterschreiben 4, S. 88). Häufig werden Angehörige zu gesetzlichen Betreuern bestellt. Erst dann sind sie entscheidungsberechtigt und nicht allein auf Grund ihrer Angehörigeneigenschaft. Können keine Angehörigen als gesetzliche Betreuer bestellt werden, hat das Betreuungsgericht die Möglichkeit, bei Betreuungsvereinen angestellte oder freiberuflich tätige Berufsbetreuer oder die kommunale Betreuungsbehörde (Betreuungsstelle) zu bestellen. Beruflich geführte Betreuungen werden auf Kosten der Betreuten oder, wenn diese ohne Vermögen sind, auf Kosten der Staatskasse nach festgelegten Pauschalen vergütet. Ehrenamtliche Betreuer können eine Auslagenpauschale in Höhe von € 399,– p.a. erhalten.

häufig werden Angehörige zu gesetzlichen Betreuern bestellt

Bis zur Bestellung eines Betreuers darf eine dringend erforderliche Behandlung im wohlverstandenen Interesse des Patienten lege artis begonnen oder weitergeführt werden. Dies gilt vor allem dann, wenn der Patient, als er noch einwilligungsfähig war, sich mit einer Behandlung einverstanden erklärt hat und diese bis zur Entscheidung des Betreuers nur fortgeführt wird.

2.5.2 Eilentscheidung „Einstweilige Anordnung"

Die Gerichte haben die Möglichkeit, ggf. innerhalb von Tagen durch eine „einstweilige Anordnung" einen vorläufigen Betreuer zu bestellen. Voraussetzungen für eine solche Eilentscheidung des Gerichts sind:

>> dringende Gründe für die Annahme, dass die Voraussetzungen für die Bestellung eines Betreuers gegeben sind sowie ein dringendes Bedürfnis für ein sofortiges Tätigwerden; das heißt aus Sicht des Arztes: Der Patient ist bis auf weiteres einwilligungsunfähig und es stehen wichtige Therapieentscheidungen an;

>> ein ärztliches Zeugnis über den Zustand des Patienten;

>> erforderlichenfalls die Bestellung eines Verfahrenspflegers;

>> persönliche Anhörung des Patienten durch den Richter.

Dringlichkeit einer Betreuerbestellung medizinisch darlegen

Die ersten beiden Voraussetzungen kann der Arzt erfüllen, indem er die Dringlichkeit einer Betreuerbestellung medizinisch darlegt und den Gesundheitszustand des Patienten attestiert.

Bei „Gefahr im Verzug" kann das Gericht sogar noch vor einer persönlichen Anhörung des Patienten und vor einer Verfahrenspflegerbestellung allein auf Grund eines ärztlichen Zeugnisses einen vorläufigen Betreuer bestellen. Gemeinsam mit diesem kann der Arzt die weitere Behandlung abstimmen.

2.5.3 Eilentscheidung „Einstweilige Maßregel"

Für den Fall, dass eine gravierende Therapieentscheidung zu treffen ist, bevor ein (auch nur vorläufiger) Betreuer bestellt wird, kann die Einwilligung des entscheidungsunfähigen Patienten in eine einzelne ärztliche Maßnahme durch eine „einstweilige Maßregel" des Betreuungsgerichts ersetzt werden. Auch hier kann sich der Arzt direkt an das zuständige Betreuungsgericht wenden, das innerhalb von Stunden oder Tagen entscheiden kann, wenn die Voraussetzungen für eine solche Eilentscheidung vorliegen (Musterschreiben 5, S. 89).

Eilentscheidung durch das Betreuungsgericht

2.5.4 Einwilligungsfähigkeit bei Minderjährigen

Minderjährige werden von ihren Eltern gesetzlich vertreten. Behandlungsverträge sind mit den Eltern abzuschließen. Minderjährige ab einem Alter von etwa 14 bis 15 Jahren verfügen meist – je nach Entwicklungsstand und Schwierigkeitsgrad einer zu treffenden Entscheidung – über die erforderliche Reife und Fähigkeit, eine ärztliche Aufklärung zu verstehen und eine eigenverantwortliche Entscheidung bezüglich einer vorgeschlagenen ärztlichen Maßnahme zu treffen. Gegebenenfalls sind sie an Stelle ihrer Eltern ärztlich aufzuklären; von ihnen erhält der Arzt die erforderliche Einwilligung in die vorgeschlagene Maßnahme. Liegt die erforderliche Einsichtsfähigkeit noch nicht vor, was bei Minderjährigen unter 14 Jahren in der Regel der Fall sein dürfte, erteilen die Eltern nach entsprechender ärztlicher Aufklärung die Einwilligung in die Maßnahme. In der Regel muss der behandelnde Arzt prüfen und entscheiden, ob die erforderliche Einsichtsfähigkeit bei Minderjährigen vorhanden ist. Im Streitfall könnte ein jugendpsychiatrisches Konsilium eingeholt werden.

Mitsprache Minderjähriger je nach Entwicklungsstand

3   Vollmacht statt gesetzlicher Betreuung

3.1   „Vorsorgevollmacht"

Wer für den Fall einer krankheitsbedingten Entscheidungsunfähigkeit vorsorgen will, kann einer Vertrauensperson eine Vollmacht erteilen. Wird der Vollmachtgeber dann eines Tages tatsächlich entscheidungsunfähig, braucht ein gesetzlicher Betreuer durch das Gericht nicht bestellt zu werden, da für diesen Fall die Vollmacht erteilt worden ist. Man spricht deshalb von einer Vorsorgevollmacht. Voraussetzung ist natürlich, dass überhaupt eine Vertrauensperson vorhanden ist (z. B. ein Ehepartner, Lebenspartner, Kinder, sonstige nahe Angehörige oder gute Freunde), der eine solche Vollmacht gegeben werden kann. Die Vollmachtsurkunde sollte entweder bei den persönlichen Unterlagen verwahrt oder einer Vertrauensperson, einem Rechtsanwalt, einem Notar oder einer Bank übergeben werden. Daneben besteht die Möglichkeit, die Vorsorgevollmacht bei der Bundesnotarkammer gegen eine geringe Gebühr zu hinterlegen.

Wer sichergehen will, dass die Vollmacht erst gebraucht werden kann, wenn tatsächlich Entscheidungsunfähigkeit eingetreten ist, kann sie beim beurkundenden Notar mit der Maßgabe hinterlegen, sie erst herauszugeben, wenn ein ärztliches Attest vorgelegt wird, aus dem sich die Geschäfts- und Handlungsunfähigkeit des Vollmachtgebers ergibt. Über die verschiedenen Modalitäten kann ein Notar oder Rechtsanwalt beraten.

In jedem Fall empfiehlt es sich, für die Vermögenssorge in Bankangelegenheiten zusätzlich auf bankeigenen Formularen Konto- und Depotvollmacht zu erteilen.

3.2   Umfang der Vollmacht

Die Vollmacht kann für bestimmte Bereiche, z. B. für Gesundheitsangelegenheiten (siehe 3.4) oder auch generell für alle Lebensbereiche (Vorsorgevollmacht, Mustervorschlag A, S. 104) Vertretungsmacht erteilen. Letztere berechtigt zur Vertretung in allen persönlichen Angelegenheiten, auch soweit sie die Gesundheit, den Aufenthalt und

Bevollmächtigung statt Betreuung

Zeitpunkt der Wirksamkeit

Definition der Vorsorge-vollmacht

eine mögliche Unterbringung betreffen, sowie in allen Vermögens-, Renten-, Versorgungs-, Steuer- und sonstigen Rechtsangelegenheiten.

3.3 Voraussetzung und Form der Vollmacht

Nur wer geschäftsfähig, also „im Vollbesitz seiner geistigen Kräfte" ist, kann eine Vollmacht erteilen. Im Zweifel muss die Frage der Geschäftsfähigkeit durch einen Facharzt geklärt werden. Obwohl es nach dem Gesetz normalerweise ausreicht, eine Vollmacht schriftlich zu erteilen, empfiehlt es sich zur besseren Anerkennung im Rechts- und Geschäftsverkehr, sie von einem Notar beurkunden zu lassen (Gebühr je nach Vermögen). Dabei erfolgt eine rechtliche Beratung über die Modalitäten und Auswirkungen der Vollmacht und eine Überprüfung der Geschäftsfähigkeit des Vollmachtgebers in der Weise, dass im Zweifelsfall ein Arzt um eine Einschätzung gebeten werden muss. Möglich ist auch, die Unterschrift unter die Vollmacht gegen eine Gebühr von € 10,– bei der für den Wohnsitz zuständigen Betreuungsbehörde (Betreuungsstelle) beglaubigen zu lassen. Dabei wird allerdings nur die Identität des Vollmachtgebers (z. B. durch Vorlage eines Lichtbildausweises) geprüft, jedoch nicht seine Geschäftsfähigkeit. Auch eine rechtliche Beratung über die Vorsorgevollmacht erfolgt nicht.

Voraussetzung: Geschäftsfähigkeit

3.4 Gesundheitsvollmacht

Die Gesundheitsvollmacht (Mustervorschlag B, S. 106) berechtigt zur Vertretung in allen Fragen der ärztlichen Behandlung und pflegerischen Versorgung eines Patienten (in einer Vorsorgevollmacht ist der Gesundheitsbereich bereits enthalten). Im Falle der Entscheidungsunfähigkeit des Vollmachtgebers hat der Bevollmächtigte stellvertretend zu entscheiden, ob ärztliche Untersuchungen oder Behandlungen vorgenommen werden oder nicht. Der behandelnde Arzt muss den Bevollmächtigten an Stelle des entscheidungsunfähigen Vollmachtgebers über mögliche ärztliche Maßnahmen aufklären und von ihm die erforderliche Einwilligung einholen. Eine ärztliche Schweigepflicht besteht gegenüber dem Bevollmächtigten für Gesundheitsfragen selbstverständlich nicht. Im Notfall, d. h. wenn keine Zeit bleibt, den

Vollmacht in Gesundheitsfragen

Bevollmächtigten zu fragen, darf der Arzt selbstverständlich sofort die aus seiner Sicht erforderlichen Maßnahmen treffen.

3.5   Vollmacht ist Vertrauenssache

keine Kontrolle des
Bevollmächtigten

Der Bevollmächtigte wird im Gegensatz zum gesetzlichen Betreuer vom Staat grundsätzlich nicht kontrolliert. Die gerichtliche Kontrolle des Betreuers wird bei der Vollmacht durch das Vertrauen ersetzt, das der Vollmachtgeber dem Vollmachtnehmer entgegenbringt. Eine Ausnahme macht das Gesetz lediglich bei Entscheidungen des Bevollmächtigten über gefährliche ärztliche Maßnahmen und über Unterbringung bzw. freiheitsentziehende Maßnahmen (s. Kap. 8, S. 33) und bei der Umsetzung einer Patientenverfügung (s. Kap. 10.4, S. 43).

3.6   Betreuungsverfügung

Vollmachtserteilung
freiwillig

Definition der Be-
treuungsverfügung

Menschen, die keine Vollmacht erteilen konnten oder wollten, wird im Fall einer Betreuungsbedürftigkeit vom zuständigen Betreuungsgericht ein Betreuer als gesetzlicher Vertreter bestellt. Für diesen Fall können in einer Betreuungsverfügung im Voraus Wünsche bezüglich der Person eines gesetzlichen Betreuers und der Art und Weise, wie die Betreuung geführt werden soll, niedergeschrieben werden. Die Betreuungsverfügung sollte einer Person des Vertrauens übergeben werden, die im Betreuungsfall zur Abgabe der Verfügung an das Betreuungsgericht verpflichtet ist. Die Betreuungsverfügung kann auch bei den persönlichen Unterlagen aufbewahrt werden, wobei sichergestellt sein sollte, dass sie im Betreuungsfalle aufgefunden wird. Die Betreuungsverfügung muss vom Betreuungsgericht und vom Betreuer beachtet werden.

3.7   Vorsorgevollmacht bzw. gesetzliche Betreuung
bei Klinikaufnahme

Immer mehr Kliniken fragen bei der Aufnahme von Patienten, ob sie eine Vorsorgevollmacht erteilt haben oder ob eine gesetzliche Betreuung besteht. Falls der Patient während des Klinikaufenthaltes geschäftsunfähig und einwilligungsunfähig ist oder werden sollte, könnte die Behandlung mit dem Bevollmächtigten bzw. dem Betreuer verbindlich besprochen werden. Auch wäre geklärt, wem der Arzt Auskunft über den Gesundheitszustand des Patienten geben darf. Die gängige (aber rechtswidrige!) Praxis, die Behandlung mit den nächsten Angehörigen zu besprechen, ohne dass diese durch Vollmacht oder Betreuung legitimiert wären, würde auf diese Weise durch eine gesetzeskonforme Vorgehensweise ersetzt werden. Falls bei Klinikaufnahme keine Vertretung durch Vollmacht oder Betreuung gegeben ist, könnte ein (geschäftsfähiger) Patient wenigstens für die Dauer seines Klinikaufenthaltes und den Fall, dass er geschäfts- und einwilligungsunfähig werden sollte, einem Angehörigen oder einer sonstigen Vertrauensperson eine Gesundheitsvollmacht erteilen. Ein entsprechendes Formular findet sich unter Mustervorschlag C, S. 108. Einzelne Kliniken, z. B. die Klinik Schillerhöhe bei Stuttgart, haben mit dieser Praxis gute Erfahrungen gemacht.

4 Zusammenarbeit des Arztes mit dem Stellvertreter

4.1 Aufgaben und Pflichten des Stellvertreters

„Der Betreuer hat die Angelegenheiten des Betreuten so zu besorgen, wie es dessen Wohl entspricht. Zum Wohl des Betreuten gehört auch die Möglichkeit, im Rahmen seiner Fähigkeiten sein Leben nach seinen eigenen Wünschen und Vorstellungen zu gestalten" (§ 1901 Abs. 2 BGB). Dies bedeutet, dass sich der Betreuer nicht in erster Linie an seinen eigenen Vorstellungen und Überzeugungen oder denen der Allgemeinheit orientieren soll, sondern vielmehr die Lebensgeschichte des Betreuten berücksichtigen sowie dessen Lebensplanung und Ansichten respektieren muss. Artikel 2 Abs. 1 Grundgesetz schützt insbesondere auch die Freiheit der nicht angepassten sowie der seelisch kranken und behinderten Menschen in ihrer spezifischen Lebensform.[3] Auch in Fällen drohender Verwahrlosung hat daher der Betreuer den Lebensentwurf des Betreuten grundsätzlich zu beachten und darf erst eingreifen, wenn höherrangige Rechte, insbesondere Leben oder Gesundheit, konkret und erheblich bedroht sind. Auch der Bevollmächtigte hat sich – ausdrücklich oder stillschweigend – verpflichtet, den Vollmachtgeber so zu vertreten, wie es dessen Wohl sowie dessen Vorstellungen und Überzeugungen entspricht.

Wünsche und Vorstellungen des Betreuten berücksichtigen

4.2 Aufgabenverteilung zwischen Arzt und Stellvertreter

Der Arzt ist für eine den Regeln der Heilkunst entsprechende Behandlung des Patienten verantwortlich. Der Betreuer/Bevollmächtigte vertritt den Patienten, weil dieser einwilligungsunfähig ist und deshalb nicht entscheiden kann, ob er dem Therapievorschlag des Arztes folgen soll. An seiner Stelle klärt der Arzt den Stellvertreter über die vorgeschlagene Behandlung, Untersuchung oder den vorgesehenen Eingriff auf. Eine ärztliche Schweigepflicht besteht selbstverständlich gegenüber diesen Vertretungspersonen des Patienten nicht. Betreuer oder

gesetzlicher Betreuer als Vertreter des Patienten

---

[3] BverfGE 10, 302, 309

Bevollmächtigter entscheiden unter Berücksichtigung des Wohls des Patienten, seiner Wünsche und Vorstellungen, ob sie dem Therapievorschlag des Arztes folgen und die erforderliche Einwilligung in die Behandlung geben.

Unter Abschnitt 2.4.1 wurde bereits ausgeführt, dass das Betreuungsgericht angerufen werden kann, wenn der Stellvertreter eine nicht nachvollziehbare, dem Wohl und den Wünschen des Patienten offensichtlich widersprechende Entscheidung trifft.

4.3 Schutzfunktion des Stellvertreters

In letzter Zeit wurde immer wieder über einen undifferenzierten Umgang mit Patientenverfügungen berichtet. Manche Ärzte sind der Ansicht, dass ein Mensch durch eine Patientenverfügung generell zum Ausdruck bringt, dass er auf jeden Fall keine lebensverlängernden Maßnahmen wünscht. Die schriftlichen Ausführungen werden z. T. nicht gelesen oder nur überflogen und eine Therapiebegrenzung angeordnet.

Aus diesem Grund wurde einerseits in die vorliegende Patientenverfügung (Muster D, S. 109) ein entsprechender Eingangssatz aufgenommen und andererseits ganz besonders auf die Rolle des Stellvertreters bei Therapieentscheidungen abgehoben. In der Beratung sollte ausdrücklich darauf hingewiesen werden, dass sich der Bevollmächtigte (bzw. Betreuer) im Sinne eines „informed consent" in die Therapieentscheidung einbringen muss. Dem behandelnden Arzt muss bewusst sein, dass Maßnahmen, die nicht vom Stellvertreter genehmigt wurden u. U. rechtlich angreifbar sind.

5   Ärztliche Therapieentscheidung im Eilfall

im Eilfall lege artis

Im Eilfall, d. h.

>> wenn keine Zeit bleibt, den Stellvertreter des Patienten einzube-
ziehen, weil z. B. notfallmäßig sofort gehandelt werden muss oder
weil der Stellvertreter momentan nicht erreichbar ist, oder

>> wenn noch kein Stellvertreter bestellt ist und auch eine „einstweilige
Maßregel" des Betreuungsgericht nicht rechtzeitig erlassen werden
kann,

muss der Arzt lege artis die aus seiner Sicht erforderlichen Maßnahmen
treffen, die im objektiven Interesse des Patienten liegen.

6 „Gefährliche" ärztliche Maßnahmen

6.1 § 1904 Bürgerliches Gesetzbuch (BGB)

Müssen bei einwilligungsunfähigen Patienten so genannte gefährliche ärztliche Maßnahmen im Sinne von § 1904 BGB (s. Anhang, S. 77) vorgenommen werden, genügt die stellvertretende Einwilligung des gesetzlichen Betreuers (mit Aufgabenkreis Gesundheitssorge) oder des Bevollmächtigten (mit Gesundheitsvollmacht einschließlich gefährlicher Maßnahmen) nicht.[4] Vielmehr muss sich der Stellvertreter beim Betreuungsgericht seine Einwilligung in die fragliche Maßnahme genehmigen lassen. Nach dem Wortlaut des Gesetzes sind ärztliche Untersuchungen, Behandlungen und Eingriffe dann „gefährlich", wenn die begründete Gefahr besteht, dass der Patient auf Grund der Maßnahme stirbt oder einen schweren und länger dauernden gesundheitlichen Schaden erleidet.

Genehmigung durch Betreuungsgericht

Aber auch die Weigerung des Stellvertreters, in vom Arzt vorgeschlagene Maßnahmen einzuwilligen, bedarf der Genehmigung des Betreuungsgerichts, wenn auf Grund des Unterbleibens oder des Abbruchs der Maßnahme der Betreute sterben oder einen schweren und länger dauernden gesundheitlichen Schaden erleiden könnte. Nur wenn sich Stellvertreter und Arzt einig sind, dass die Entscheidung dem sich aus einer Patientenverfügung folgenden Willen oder dem mutmaßlichen Willen des Patienten entspricht, ist eine gerichtliche Überprüfung entbehrlich.

6.2 Was ist „gefährlich"?

Welche Maßnahmen im Einzelfall als „gefährlich" im Sinne des Gesetzes einzustufen sind, hängt einerseits vom Zustand des Patienten, andererseits vom statistischen Gefahrenpotenzial der Maßnahme ab (Wiebach et al. 1997, S. 42). Die Beurteilung des Grades der Gefährlichkeit einer Maßnahme bleibt somit medizinischem Sachverstand vorbehalten.

Was ist „gefährlich"?

---

[4] Der Text der Vollmacht muss ausdrücklich auch derartige „gefährliche" Entscheidungen umfassen.

begründete Gefahr

Erklärungsbedürftig für den Arzt sind folgende Definitionen:
>> Was bedeutet „begründete Gefahr"?
>> Was bedeutet „schwerer und länger dauernder Schaden"?

Wie den Gesetzesmaterialien zu entnehmen ist, soll das entfernte Risiko des Todes oder der schweren und länger anhaltenden Gesundheitsschädigung noch keine Genehmigung durch das Betreuungsgericht erfordern. Die Gefahr muss vielmehr „begründet", d. h. mit dieser Maßnahme kausal verbunden sein. Die Gefährlichkeit einer Maßnahme hängt allerdings nicht vorrangig von der Maßnahme selbst ab, sondern auch vom Gesundheitszustand des Patienten. Listen mit gefährlichen Maßnahmen und Medikamenten, wie sie oft gefordert werden, sind daher völlig ungeeignet. Vielmehr sollen folgende Kriterien zur Risikoabwägung neben der Beurteilung der medizinischen Maßnahme herangezogen werden:

Risikoabwägung

>> körperlicher und psychischer Allgemeinzustand des Patienten,
>> individuelle Überempfindlichkeiten,
>> biologisches Alter,
>> reduzierte Stoffwechsel- und Ausscheidungsfunktion,
>> Schwangerschaft,
>> Behandlungsdauer,
>> psychosoziale Faktoren mit Auswirkungen auf die Compliance,
>> Risiko und Nutzen der Maßnahme,
>> Risiko der Unterlassung,
>> Art des Nutzens (Lebensverlängerung, Verbesserung der Lebensqualität),
>> Verhinderung gravierender Krankheitsfolgen.

Als objektive Grundlage zur Beurteilung des Gesundheitszustandes eines Patienten eignen sich die Kriterien der American Society of Anesthesiology (ASA-Kriterien). Zur Risikoabschätzung einer medizinischen Maßnahme kann sich der Arzt daran orientieren, dass eine Schadenseintrittswahrscheinlichkeit von über 10 % als sehr häufig angesehen wird und somit eine Genehmigungspflicht begründet.

Bei der Beurteilung eines medizinischen Schadens sind neben der Eintrittswahrscheinlichkeit auch Schadensart (z. B. Tod oder Invalidität), Schadensausmaß und Reversibilität des Schadens zu beurteilen. § 1904 BGB ist so zu verstehen, dass es sich um einen schweren und länger als ein Jahr dauernden Schaden handeln muss, damit dieser genehmigungspflichtig ist, so z. B. bei Amputation oder Spätdyskinesie. Damit sind insbesondere irreversible Schäden gemeint.

Wann ein Unterlassen von medizinischen Maßnahmen „gefährlich" ist, beurteilt sich entsprechend nach denselben Kriterien.

6.3   Gerichtliches Verfahren

Das Gericht prüft mit Hilfe eines medizinischen Gutachters, ob die eine „gefährliche" Maßnahme betreffende Entscheidung des Stellvertreters dem mutmaßlichen Willen des Patienten entspricht. Der voraussichtliche Zustand des Patienten ohne die fragliche Maßnahme ist gegen das mit der Maßnahme verbundene Risiko abzuwägen. Der behandelnde Arzt sollte in der Regel nicht auch zugleich Sachverständiger für das Gericht sein.

Überprüfung durch das Betreuungsgericht

Schließlich erteilt – oder versagt – das Betreuungsgericht durch einen Beschluss die Genehmigung für die fragliche Entscheidung des Stellvertreters.

Für das Genehmigungsverfahren werden vom Gericht keine Gebühren erhoben. Jedoch können Auslagen z. B. durch die Einholung eines ärztlichen Gutachtens oder durch die Bestellung eines Verfahrenspflegers entstehen, die dann aus dem Vermögen des Patienten zu entrichten sind. Falls dieser mittellos ist, werden diese Auslagen von der Staatskasse übernommen.

6.4   Wer stellt den Antrag?

Es ist in erster Linie Aufgabe des Betreuers oder des Bevollmächtigten, beim Gericht die Genehmigung nach § 1904 BGB einzuholen (Musterschreiben 6 oder 7, S. 90 und S. 92). Da die gerichtliche Überprüfung riskanter Maßnahmen aber auch im Interesse des behandelnden Arztes liegt, kann auch er die Genehmigung beantragen (Musterschreiben 8, S. 94).

gesetzlicher Betreuer oder Bevollmächtigter ruft Betreuungsgericht an

Bleibt keine Zeit für ein gerichtliches Verfahren, das mehrere Tage bis wenige Wochen in Anspruch nehmen kann, genügt die Einwilligung des Betreuers oder Bevollmächtigten in die gefährliche Maßnahme. Im Falle der „gefährlichen" Weigerung des Stellvertreters, in eine Maßnahme einzuwilligen, kann auch der Arzt eine Eilentscheidung des Gerichts beantragen (entsprechend Musterschreiben 2 und 3), wenn das reguläre Genehmigungsverfahren auf Antrag des Stellvertreters zu lange dauern würde.

7   Freiheitsentziehende Unterbringung

7.1   Öffentlich-rechtliche Unterbringung

Nach den Psychisch-Kranken-Gesetzen der Länder („PsychKG" oder „UBG") können Personen, die aufgrund einer psychischen Störung krank oder behindert sind, gegen ihren Willen in einer geschlossenen psychiatrischen Klinik untergebracht werden, wenn sie infolge ihrer Krankheit ihr Leben oder ihre Gesundheit erheblich gefährden oder eine gegenwärtige Gefahr für die Rechtsgüter anderer darstellen (so z. B. § 13 des Psychisch-Kranken-Hilfe-Gesetz Baden-Württemberg). Voraussetzung ist u. a. eine Anordnung des zuständigen Betreuungsgerichts, die im Falle einer notfallmäßigen Einweisung auch nachträglich ergehen kann. Bei einer krankheitsbedingten akuten Selbst- oder Fremdgefährdung kann die Polizei gerufen werden, die den Betroffenen erforderlichenfalls in eine Klinik bringen kann. Unter bestimmten Voraussetzungen können untergebrachte Patienten – mit Genehmigung des Betreuungsgerichts – auch zwangsbehandelt werden. Eine Zwangsbehandlung somatischer Begleiterkrankungen ist nur im Rahmen einer zivilrechtlichen Unterbringung (s. unten) zulässig.

Notfalls gerichtlich angeordnete Zwangsbehandlung

7.2   Zivilrechtliche Unterbringung

Unter Betreuung stehende Personen, die aufgrund einer psychischen Krankheit oder geistigen oder seelischen Behinderung ihr Leben oder ihre Gesundheit gefährden oder – einsichtsunfähig – eine dringend notwendigen Heilbehandlung verweigern, können auf Veranlassung ihres Betreuers (Aufgabenkreis „Aufenthaltsbestimmung" und „Gesundheitssorge") mit gerichtlicher Genehmigung in eine geschlossene Einrichtung gebracht werden (§ 1906 BGB). In Frage kommt eine geschlossene Station in einer psychiatrischen Klinik oder die geschlossene („beschützende") Station einer Pflegeeinrichtung.

Unter bestimmten Voraussetzungen kann ein untergebrachter Patient, der eine dringend notwendige Behandlung einer psychischen oder somatischen Erkrankung verweigert, weil er einwilligungsunfähig ist und die Notwendigkeit einer Behandlung nicht erkennen kann, mit

Notfalls gerichtlich genehmigte Zwangsbehandlung

Einwilligung seines Betreuers gezwungen werden, sich behandeln oder z. B. operieren zulassen. Voraussetzung für eine solche Zwangsbehandlung ist auch hier eine gerichtliche Genehmigung.

Auch Bevollmächtigte können mit gerichtlicher Genehmigung eine Unterbringung veranlassen und unter denselben Voraussetzungen wie ein Betreuer in eine Zwangsbehandlung einwilligen; ihre Vollmacht muss jedoch ausdrücklich die Möglichkeit einer Unterbringung und einer Zwangsbehandlung umfassen.

Eine Zwangsbehandlung in einem offenen Pflegeheim, in einem Allgemeinkrankenhaus oder einer sonstigen offenen Einrichtung ist nicht zulässig. Dies kann bedeuten, dass z. B. ein Pflegeheimbewohner zur Durchführung einer lebenswichtigen Zwangsbehandlung im Wege einer zivilrechtlichen Unterbringung in eine geschlossene Einrichtung (Psychiatrie oder beschützende Station) verlegt werden muss.

Andererseits ist die Zwangsbehandlung einer somatischen Erkrankung (z. B. Blinddarm-OP) in einer geschlossen psychiatrischen Klinik in der Regel gar nicht möglich, ein vom Gesetz nicht gelöstes Problem. Notfalls könnte das Gericht anordnen, dass zur Ermöglichung einer lebensnotwenigen OP die geschlossene Unterbringung im Allgemeinkrankenhaus unter ständiger Bewachung vollzogen wird.

8 Freiheitsentziehende Maßnahmen in Einrichtungen

8.1 Freiheitsentziehende Schutzmaßnahmen

Nach § 1906 Abs. 4 BGB müssen Freiheitsentziehungen in offenen Einrichtungen grundsätzlich dann vom Betreuungsgericht genehmigt werden, wenn sie in ihrer Wirkung auf die Bewegungsfreiheit des Patienten einer Unterbringung in einer geschlossenen Einrichtung gleichkommen. Man spricht deshalb auch von „unterbringungsähnlichen" Maßnahmen. Die Genehmigungspflicht erscheint konsequent, wenn man bedenkt, dass die Freiheitsentziehung z. B. durch einen Fixiergurt, wesentlich intensiver sein kann als diejenige, die durch eine geschlossene Stationstür erfolgt.

Genehmigungspflicht von freiheitsentziehenden Maßnahmen

Eine freiheitsentziehende Maßnahme ist grundsätzlich unter denselben Voraussetzungen zulässig wie eine Unterbringung, also nur dann, wenn sie zur Vermeidung von Lebensgefahr oder der Gefahr erheblichen gesundheitlichen Schadens für den Patienten oder zur Vornahme einer dringend notwendigen Heilbehandlung erforderlich ist, ohne dass weniger einschneidende Maßnahmen ausreichen. Zum Beispiel ist es (mit gerichtlicher Genehmigung) erlaubt, am Stuhl eines demenzkranken und gebrechlichen Bewohners, der nicht mehr alleine gehen kann, zeitweise einen Sitzgurt anzubringen, wenn zu befürchten ist, dass er in einem unbeobachteten Augenblick ohne Rücksicht auf seine Gehunfähigkeit aufsteht und hinfällt. Häufig müssen auch bei demenzkranken Bewohnern (ebenfalls mit gerichtlicher Genehmigung) nächtliche Bettgitter angebracht werden, um zu verhindern, dass sie beim Aufstehen ohne fremde Hilfe stürzen und sich verletzen.

freiheitsentziehende Maßnahmen bei Gefahr für Leben oder Gesundheit

8.2 Alternativen zu Freiheitsentziehungen

Immer ist dabei jedoch zu prüfen, ob die Gefahren nicht durch mildere Mittel als Freiheitsentziehungen abgewendet werden können, indem z. B. das Bett niedrig gestellt und eine Matratze davor gelegt wird, um die Verletzungsgefahr beim Verlassen des Bettes zu verringern. Die so genannte Redufix-Studie (Projekt zur Reduktion körpernaher

Fixierungen – www.redufix.de) hat ergeben, dass derartige Maßnahmen auf ein Minimum reduziert werden können, wenn die konzeptionellen und personellen Bedingungen entsprechend verändert werden. Im Alltag von Heimen, Kliniken und anderen Einrichtungen kommt es jedoch immer wieder vor, dass Patienten in ihrer Bewegungsfreiheit nicht wegen drohender Selbstgefährdung i. S. von Gefahr für „Leib oder Leben", sondern zum Schutz von Mitbewohnern/Personal oder zur Aufrechterhaltung wichtiger Regeln des Zusammenlebens eingeschränkt werden müssen. Solche Maßnahmen sind nach dem Wortlaut von § 1906 BGB grundsätzlich nicht genehmigungsfähig, da sie nicht den Patienten selbst, sondern Dritte schützen sollen. Bei einer akuten Gefahrensituation durch fremdaggressives Verhalten eines Patienten dürfen natürlich notfallmäßig Schutzmaßnahmen ergriffen werden. Länger dauernde oder wiederholt erforderliche freiheitsentziehende Maßnahmen zum Schutze Dritter sind nur im Rahmen einer öffentlich-rechtlichen Unterbringung (nach UBG bzw. PsychKG) in einer psychiatrischen Klinik zulässig. Dies bedeutet, dass Patienten, die nur andere gefährden und nicht sich selbst, in eine psychiatrische Klinik verlegt werden müssen, eine nicht zuletzt für die Patienten sehr fragwürdige Lösung des Problems. Gefährdet sich ein Patient jedoch durch eine von ihm ausgehende Fremdaggression gleichzeitig auch selbst, indem er z. B. heftige „Abwehrmaßnahmen" anderer Patienten erleiden muss, kann eine freiheitsentziehende Maßnahme im Einvernehmen mit seinem Stellvertreter und mit betreuungsgerichtlicher Genehmigung ergriffen werden.

8.3 Definition freiheitsentziehender Maßnahmen

Im Einzelnen fallen alle möglichen Schutzmaßnahmen unter die Genehmigungspflicht: Schutzdecke, Leibgurt, Fixierung der Beine oder Arme, Bettgitter, Stecktisch, Trickschloss, schwergängige Türen usw. Auch sedierende Medikamente können nach dem Gesetz freiheitsentziehenden Charakter haben und damit genehmigungspflichtig sein, wenn sie in erster Linie die Ruhigstellung des Patienten bezwecken und damit z. B. ein Bettgitter oder einen Stecktisch ersetzen. Das Gesetz wollte den Bogen nicht überspannen und hat nur solche freiheitsentziehenden Maßnahmen der Genehmigungspflicht unterworfen, die über einen längeren Zeitraum oder regelmäßig getroffen werden. Kurzfristige Maßnahmen, die nur Stunden dauern oder bei denen auf Grund ihres vorübergehenden Charakters bereits zu Beginn der Maßnahme feststeht, dass sie innerhalb weniger Tage nicht mehr erforderlich sein werden, sind daher nicht genehmigungspflichtig. Bei besonders schwerwiegenden Maßnahmen ist es geboten, das Betreuungsgericht schon am folgenden Tage zu informieren. Im Übrigen stellen drei Tage die äußerste Grenze dar.

keine Genehmigungspflicht bei einmaligen oder kurzfristigen Maßnahmen

8.4 Anordnung durch den Arzt

Da freiheitsentziehende Schutzmaßnahmen in der Regel auch medizinisch indiziert sind oder wenigstens Auswirkungen auf den Gesundheitszustand des Patienten haben, sollten sie vom Arzt angeordnet oder – falls sie von der Pflege zur Vermeidung einer akuten Gefährdung vorgenommen wurden – nachträglich überprüft und bestätigt werden. Letztlich hat auch hier der Arzt die Anordnungsverantwortung sowie – zusammen mit der Pflege – die Verantwortung für die fachgerechte Durchführung der freiheitsentziehenden Schutzmaßnahme. So sind z. B. bei einer Fixierung des Patienten Vorkehrungen gegen mögliche Verletzungen durch die Schutzmaßnahme zu treffen.

Anordnung durch den Arzt

8.5 Freiheitsentziehungen im Notfall

In einer Notsituation dürfen und müssen notwendige Schutzmaßnahmen von den in der jeweiligen Situation anwesenden Fachkräften vorgenommen werden, um eine akute Eigengefährdung des Patienten oder akute Fremdgefährdung von Mitpatienten zu vermeiden. Danach muss das Einverständnis eines etwaigen Betreuers oder Bevollmächtigten eingeholt werden, der dann weitere rechtliche Schritte einleiten muss. Ist noch kein gesetzlicher Betreuer mit dem Aufgabenkreis „Freiheitsentziehende Maßnahmen" bestellt oder keine Vollmacht mit entsprechender Reichweite erteilt, müssen die Einrichtung oder der Arzt (darüber sollten sich diese absprechen) beim zuständigen Betreuungsgericht die Bestellung eines Betreuers anregen.

Schutzmaßnahmen im Notfall

8.6 Keine Freiheitsentziehung bei Einwilligung oder Unfähigkeit zur Fortbewegung

Zustimmung des Patienten

Eine Freiheitsentziehung liegt dagegen begrifflich nicht vor, wenn eine rechtswirksame Einwilligung des Patienten vorliegt. Es genügt die natürliche Fähigkeit des Patienten, die Tragweite der betreffenden Maßnahme und die seiner Einverständniserklärung zu erkennen. Zweifel an der Einsichts- und Einwilligungsfähigkeit des Patienten sollten mit Hilfe des Arztes geklärt werden. Eine rechtswirksame Einwilligung kann nur durch den Patienten selbst erfolgen, nicht durch andere Personen, z. B. Arzt oder Angehörige. Bei fehlender Einsichts- und Einwilligungsfähigkeit kommt es auf die Einwilligung des Betreuers oder eines vom Patienten bestellten Bevollmächtigten an.

Eine Freiheitsentziehung liegt ferner begrifflich auch dann nicht vor, wenn die betreffende Maßnahme gar nicht darauf abzielt, den Patienten an einer freien Fortbewegung zu hindern, weil er seinen Aufenthaltsort gar nicht mehr ändern kann und will: Ein gehunfähiger Patient beispielsweise, der so gebrechlich ist, dass er nicht mehr alleine in einem Sessel sitzen kann und auf den Fußboden zu rutschen droht, wird durch einen Sitzgurt nicht daran gehindert, seinen Aufenthaltsort willentlich zu ändern. Nicht genehmigungspflichtig ist nach überwiegender Auffassung der Gerichte die Verwendung von sog. Piepsern an der Kleidung von Bewohnern, die ihr Auffinden im Haus oder in der Nähe ermöglichen. Da durch derartige Vorrichtungen jedoch die Menschenwürde der Bewohner berührt sein kann, sollten sie mit dem Betreuer bzw. dem Bevollmächtigten abgestimmt werden, falls der Bewohner mangels Einwilligungsfähigkeit nicht selbst zustimmen kann.

elektronische Überwachung

8.7 Verantwortung des gesetzlichen Betreuers/ des Bevollmächtigten

Es obliegt dem Betreuer, über Notwendigkeit und Umfang freiheitsentziehender Maßnahmen zu entscheiden. Selbstverständlich wird er sich mit dem behandelnden Arzt und dem Pflegepersonal besprechen. Ist seiner Meinung nach z. B. die von der Pflege oder dem Arzt vorgeschlagene Schutzmaßnahme mit dem Wohl des Patienten nicht vereinbar und verweigert er daher seine Zustimmung, muss er die Ver-antwortung für eventuelle Verletzungsfolgen übernehmen.

Befürwortet der Betreuer die vorgeschlagene Maßnahme, muss er beim Gericht eine Genehmigung einholen. Bis die Entscheidung des Gerichts vorliegt, dürfen freiheitsentziehende Maßnahmen, die zum Eigenschutz des Patienten dringend erforderlich erscheinen, weiter-geführt werden.

Für Bevollmächtige (mit ausdrücklicher Einbeziehung freiheits-entziehender Maßnahmen in der Vollmachtsurkunde) gilt Entspre-chendes. Auch sie müssen beim Gericht eine Genehmigung einholen.

Ist die (negative) Entscheidung des Betreuers aus Sicht des Arztes oder der Pflege unverantwortlich, kann gem. § 1837 Abs. 2 BGB das Betreuungsgericht, das über den bestellten Betreuer Aufsicht führen muss, angerufen werden.

Bei Missbrauch einer Vollmacht kann ebenfalls das Betreuungs-gericht angerufen werden.

> Verantwortung für Verletzungsfolgen

> Aufsicht durch Betreuungsgericht

8.8 Gerichtliche Eilentscheidungen

Ist noch kein Betreuer mit Aufgabenkreis „Aufenthaltsbestimmung/ freiheitsentziehende Maßnahmen" bestellt, kann jedermann, z. B. auch der behandelnde Arzt beim Betreuungsgericht eine vorläufige Anord-nung der Schutzmaßnahme im Wege einer einstweiligen Maßregel gem. § 1846 BGB beantragen. Gleichzeitig kann – eventuell unter Vor-lage eines ärztlichen Attestes – beim örtlich zuständigen Betreuungs-gericht telefonisch oder schriftlich die Bestellung eines Betreuers ange-regt und in dringlichen Fällen um eine Eilentscheidung nachgesucht werden.

Bis zu einer gerichtlichen Entscheidung über die Zulässigkeit der Freiheitsentziehung (die manchmal mehrere Wochen auf sich war-ten lässt) darf eine zur Vermeidung von Eigengefährdung dringend erforderliche Schutzmaßnahme vorgenommen oder aufrechterhalten werden.

> vorläufige Anordnung der Schutz-maßnahme

> dringende Schutz-maßnahmen

9 Freiheitsentziehende Maßnahmen im häuslichen Bereich

9.1 Keine Genehmigung erforderlich

Eine betreuungsgerichtliche Genehmigung freiheitsentziehender Schutzmaßnahmen ist im häuslich-familiären Bereich – im Gegensatz zum stationären Bereich – nicht vorgesehen (vgl. Wortlaut des § 1906 Abs. 4 BGB, der nur von Freiheitsentziehungen in „einer Anstalt, einem Heim oder einer sonstigen Einrichtung" spricht). Der Gesetzgeber wollte pflegende Angehörige von den aufwändigen Genehmigungsverfahren verschonen und eine zusätzliche Demotivierung vermeiden. Dies hat jedoch nicht zur Folge, dass freiheitsentziehende Maßnahmen im häuslichen Bereich generell zulässig sind, sie bedürfen eben nur keiner gerichtlichen Genehmigung. Ihre Rechtmäßigkeit entscheidet sich nach strafrechtlichen Grundsätzen: Danach sind freiheitsentziehende Maßnahmen als strafbare Freiheitsberaubung (§ 239 StGB) anzusehen, wenn nicht ein Rechtfertigungsgrund vorliegt. Ein solcher findet sich in § 34 StGB, wonach bei akuter erheblicher Selbstgefährdung des Patienten oder von ihm ausgehender erheblicher Fremdgefährdung freiheitsentziehende Maßnahmen zulässig sind, wenn sie die einzige Möglichkeit zur Gefahrenabwehr darstellen.

keine Genehmigung durch Betreuungsgericht

Der Bundesgerichtshof hat in einer Entscheidung vom 16.06.1959 festgestellt, dass eine im Rahmen der Familienpflege notwendig werdende zeitweilige Einschließung eines „Geisteskranken" als Selbsthilfemaßnahme ohne Anrufung des Gerichts zulässig sein kann. Auf diese Entscheidung können sich jedenfalls Familienangehörige stützen, wenn die oben beschriebenen Rechtfertigungsgründe gegeben und der Verhältnismäßigkeitsgrundsatz gewahrt wird.

Für einmalige, kurzfristige freiheitsentziehende Maßnahmen in einer Krisensituation bei der Pflege von Angehörigen sind die Rechtfertigungsgründe Notwehr und Notstand unmittelbar anzuwenden. Auch ambulante Dienste, die in einer einmaligen Krisensituation als letztes Mittel zu einer freiheitsentziehenden Maßnahme greifen, um eine drohende Gefährdung des Betroffenen abzuwenden, sind gerechtfertigt.

Schwieriger wird die Rechtslage bei Freiheitsentziehungen, die über einen längeren Zeitraum oder regelmäßig erfolgen, weil hier zu jedem Zeitpunkt der Freiheitsentziehung die Notwehr – oder Notstandslage gegeben sein (und nachgewiesen werden können) muss.

Auch stellt sich die Frage, wer die Verantwortung übernimmt, wenn es durch die freiheitsentziehenden Maßnahmen zu Personen- oder Sachschäden bei den Betroffenen kommt.

Während sich pflegende Angehörige notfalls auf die oben genannte BGH-Entscheidung und eine Notstandslage berufen können, sind bei Mitwirkung von ambulanten Diensten an Freiheitsentziehungen zusätzliche rechtliche Schritte zu empfehlen.

Schon der BGH hat in der oben zitierten Entscheidung die Bestellung und Mitwirkung eines Vormunds (heute eines Betreuers) nur deshalb ausnahmsweise für nicht erforderlich gehalten, weil die Freiheitsentziehungen durch nahe Verwandte im Rahmen der Familienpflege vorgenommen worden waren.

9.2 Betreuerbestellung oder Vorsorgevollmacht

Unter der Geltung des Betreuungsrechts ist davon auszugehen, dass ein Betreuer mit Aufgabenkreis Aufenthaltsbestimmung/freiheitsentziehende Maßnahmen bestellt werden muss, jedenfalls wenn ambulante Dienste beteiligt sind. Dieser kann kraft seiner gerichtlichen Bestellung freiheitsentziehende Maßnahmen anordnen, wenn durch sie eine akute Gefährdung des Betroffenen vermieden wird und wenn keine milderen Schutzmaßnahmen ausreichend erscheinen. Die Verantwortung für die Maßnahmen trägt der Betreuer. Ihm obliegt es in erster Linie, Vorkehrungen dafür zu treffen, dass der Betroffene nicht wegen der vorgenommenen freiheitsentziehenden Maßnahmen zusätzlichen Gefahren ausgesetzt wird sowie dass bei Notfällen Hilfe geholt werden kann. „Sicherheitshalber" sollte der Betreuer beim zuständigen Betreuungsgericht nachfragen, ob es einer gerichtlichen Genehmigung der Freiheitsentziehungen im häuslichen Bereich bedarf, da einige Gerichte – entgegen dem Wortlaut des § 1906 Abs. 4 BGB – diese Meinung vertreten.

Beteiligung ambulanter Dienste

Übernahme der
Verantwortung
durch Betreuer oder
Bevollmächtigte

Wenn eine freiheitsentziehende Maßnahme von einem Betreuer mit entsprechendem Aufgabenkreis im häuslichen Bereich angeordnet und einem Pflegedienst übertragen wird, kann sich dieser auf die Verantwortlichkeit des Betreuers berufen. Als Beteiligte müssen sich die ambulanten Dienste jedoch vergewissern, dass die freiheitsentziehenden Maßnahmen auch tatsächlich zur Vermeidung von Gefährdungen notwendig sind und dass Vorkehrungen für Notfälle getroffen sind. Da freiheitsentziehende Maßnahmen bei nicht sachgerechter Vornahme auch zu Verletzungen führen können, ist fachkundiger Rat durch den Arzt oder ausgebildete Pflegekräfte einzuholen. Zusammen mit den Angehörigen muss auch überlegt werden, ob und gegebenenfalls mit welchen Vorkehrungen Betroffene in einer Wohnung allein gelassen werden können. Hilfreich kann es sein, auch den behandelnden Arzt in den Abwägungs- und Entscheidungsprozess mit einzubeziehen.

Dokumentation

In allen Fällen der Beteiligung ambulanter Dienste an freiheitsentziehenden Maßnahmen ist eine sorgfältige Dokumentation (welche freiheitsentziehende Maßnahmen, in welcher Zeit, wer ordnet sie an, wer verantwortet die fachgerechte Vornahme, welche Vorkehrungen für Notfälle, wer war an der Entscheidung beteiligt, welche Überlegungen waren ausschlaggebend usw.) zu empfehlen.

In Eilfällen besteht die Möglichkeit, beim Betreuungsgericht eine einstweilige Anordnung (vorläufige Betreuerbestellung) oder eine einstweilige Maßregel (vorläufige Genehmigung einer Freiheitsentziehung) zu beantragen. Auch wenn die gewünschte Eilentscheidung des Gerichts auf sich warten lässt, stellt die Tatsache, überhaupt einen Antrag gestellt und sich um Klärung der Rechtslage bemüht zu haben, eine gewisse Absicherung dar.

Hat der Patient einer Vertrauensperson rechtzeitig eine Vollmacht erteilt, die auch freiheitsentziehende Maßnahmen umfasst, ist insoweit eine Betreuerbestellung entbehrlich. Der Bevollmächtigte darf dann, wie ein gesetzlicher Betreuer, die unbedingt notwendigen Schutzmaßnahmen im häuslichen Bereich ergreifen, sofern die erforderlichen Vorkehrungen gegen Gefahren getroffen sind, die möglicherweise durch die Schutzmaßnahmen verursacht werden können.

10 Patientenverfügungen

10.1 Vorausverfügung für den Fall der Entscheidungs-unfähigkeit

Solange der Patient einwilligungsfähig ist, trifft er allein – nach Aufklärung und Beratung durch den Arzt – die Entscheidung über alle ihn betreffenden ärztlichen Maßnahmen. Dies gilt auch für Entscheidungen über lebenserhaltende und lebensverlängernde Maßnahmen am Ende des Lebens. Wie aber soll bei einer lebensbedrohlichen Erkrankung entschieden werden, wenn der Patient selbst nicht mehr entscheidungsfähig ist und seinen Willen aktuell nicht mehr äußern kann, also „einwilligungsunfähig" bezüglich noch möglicher ärztlicher Maßnahmen ist? In dieser Situation ist zu prüfen, ob sich der Wille des Patienten aus einer Patientenverfügung ergibt. In ihr kann der Patient schriftlich im Voraus für den Fall einer Entscheidungsunfähigkeit seinen Willen bezüglich der Art und Weise einer ärztlichen Behandlung und pflegerischen Versorgung festlegen. Verliert er dann tatsächlich seine Entscheidungsfähigkeit und gerät in eine Lebens- und Behandlungssituation, für die er in der Patientenverfügung im Voraus Entscheidungen über bestimmte ärztliche und pflegerische Maßnahmen getroffen hat, ist sein Wille für Betreuer, Bevollmächtigte und Arzt bindend. Auf diese Weise nimmt der Patient im Voraus sein grundgesetzlich geschütztes Selbstbestimmungsrecht wahr.

lebenserhaltende und lebensverlängernde Maßnahmen am Ende des Lebens

Vorausverfügung für den Fall der Entscheidungsunfähigkeit

Selbstbestimmungsrecht des Patienten

10.2 Gesetzliche Regelung im Überblick

Seit dem 1. September 2009 sind die Voraussetzungen und die Verbindlichkeit von Patientenverfügungen in § 1901a ff. BGB (Wortlaut siehe Anhang) gesetzlich geregelt, und zwar im Wesentlichen wie folgt:

Patientenverfügungen sind verbindlich, und zwar unabhängig von Art und Stadium einer Erkrankung, also auch, wenn das Sterben noch nicht begonnen hat. Liegt keine Patientenverfügung vor oder treffen die Festlegungen einer Patientenverfügung nicht auf die aktuelle Lebens- und Behandlungssituation zu, kommt es auf den mutmaßlichen Willen an.

Ablehnung einer Behandlung ist für den Arzt bindend

Die Umsetzung einer Patientenverfügung oder des mutmaßlichen Willens setzt in der Regel die Mitwirkung eines gesetzlichen Betreuers oder eines Bevollmächtigten voraus.

Besteht zwischen dem gesetzlichen Betreuer oder Bevollmächtigten und dem behandelnden Arzt Einvernehmen über den vorausverfügten Willen oder den mutmaßlichen Willen des Patienten, bedarf es keiner Einbindung des Gerichts, wenn der Wille befolgt und z. B. eine Behandlung abgebrochen wird.

Eine Anrufung des Gerichts ist nur erforderlich, wenn zwischen Bevollmächtigtem oder Betreuer und behandelndem Arzt keine Einigung über den Willen des Patienten erreicht werden kann.

Beratung über Patientenverfügung durch Ärzte oder sonstige qualifizierte Personen ist nicht vorgeschrieben, aber zu empfehlen.

Regelmäßige Erneuerung der Patientenverfügung ist nicht vorgeschrieben, aber zu empfehlen.

Schriftform genügt; eine notarielle Beurkundung oder Beglaubigung ist nicht vorgeschrieben.

10.3 Empfehlungen für eine Patientenverfügung

Wegen der sehr unterschiedlichen Wertvorstellungen und Überzeugungen der Menschen zu Fragen des Lebens und des Sterbens gibt es eine gesetzlich vorgegebene Formulierung einer Patientenverfügung nicht. Aussagekraft und Verbindlichkeit von Patientenverfügungen können sichergestellt werden, wenn sie individuell festlegen, in welcher Lebens- und Behandlungssituation welche ärztlichen und pflegerischen Maßnahmen abgelehnt oder welche verlangt werden. Nicht aussagekräftig sind Patientenverfügungen, die nur allgemein gehaltene Formulierungen enthalten, wie beispielsweise den Wunsch, „in Würde zu sterben", wenn ein „erträgliches Leben" nicht mehr möglich erscheint. Damit verbindliche Formulierungen gewählt werden, empfiehlt sich eine Beratung durch einen Arzt oder eine andere kompetente und neutrale Institution oder Person. Hilfreich kann es auch sein, in der Patientenverfügung eine Vertrauensperson zu benennen, mit der die Verfügung besprochen wird und die im Falle einer späteren Umsetzung dem behandelnden Arzt und dem Betreuer (oder Bevollmächtigtem)

allgemein gehaltene Formulierungen vermeiden

bei der Interpretation der Formulierungen helfen kann. Vertrauensperson kann beispielsweise auch ein langjähriger Hausarzt sein, mit dem sich der Patient über seine Patientenverfügung beraten hat und den er bittet, erforderlichenfalls ergänzende Auskünfte zu seinem in der Verfügung niedergelegten Willen zu erteilen.

Zur Durchsetzung einer Patientenverfügung empfiehlt es sich, nicht nur eine Auskunftsperson zu benennen, sondern dieser oder einer anderen Vertrauensperson eine (General)Vorsorgevollmacht oder wenigstens eine für Fragen der ärztlichen Behandlung gültige Teilvollmacht zu erteilen. Während die Auskunftsperson über Einzelheiten der Patientenverfügung informieren kann, ist die bevollmächtigte Person befugt, zusammen mit dem Arzt den in der Verfügung enthaltenen Willen des Patienten umzusetzen.

> Vertrauensperson
>
> Vertrauensperson ohne Vollmacht kann keine Entscheidungen treffen

Falls der Patient einen Organspendeausweis ausgefüllt hat, besteht die Möglichkeit, in der Patientenverfügung auf den (seltenen) Fall einzugehen, dass das Verbot lebenserhaltender Maßnahmen mit der Bereitschaft zu einer Organspende konkurriert. Der Patient könnte für diesen Fall entweder erklären, dass alle Maßnahmen zur Lebenserhaltung, die in seiner Patientenverfügung ausgeschlossen sind, zur Ermöglichung einer Organspende kurzfristig fortgesetzt werden dürften oder bestimmen, dass seine Patientenverfügung vorgeht.

Detaillierte Vorschläge zum möglichen Inhalt einer Patientenverfügung können einer Informationsbroschüre des Bundesjustizministerium entnommen werden: www.bmj.bund.de/Patientenverfügung

10.4   Umsetzung einer Patientenverfügung

Am Beispiel der Frage einer künstlichen Ernährung soll die Umsetzung einer Patientenverfügung erläutert werden:

> Selbstbestimmungsrecht auch bei künstlicher Ernährung

Angenommen, ein 70 Jahre alter Patient hat in seiner Patientenverfügung festgelegt, dass künstliche Ernährung und Flüssigkeitszufuhr unterbleiben oder abgebrochen werden sollen, wenn er durch Unfall oder Krankheit seine Urteils- und Entscheidungsfähigkeit verlieren sollte und nach ärztlicher Einschätzung eine Besserung und Wiederherstellung seiner Urteils-und Entscheidungsfähigkeit mit Sicherheit nicht erwartet werden kann. Jetzt erleidet er einen Schlaganfall und wird bewusstlos in die Klinik gebracht. Er wird lege artis notfallmäßig behandelt und auch künstlich ernährt, da die Prognose zunächst unklar ist. Erst wenn nach Behandlungsversuchen ärztlicherseits ausgeschlossen werden kann, dass seine Urteils-und Entscheidungsfähigkeit wiederhergestellt werden kann, muss seine Patientenverfügung befolgt und die zunächst begonnene künstliche Ernährung und Flüssigkeitszufuhr beendet werden.

Nach dem Gesetz ist wie folgt vorzugehen:

10.4.1 Indikation?

Ist die fragliche ärztliche Maßnahme (hier die Fortsetzung der künstlichen Ernährung) indiziert? Nach § 1901b Abs. 1 S. 1 BGB prüft der behandelnde Arzt als Erstes, welche ärztliche Maßnahme im Hinblick auf den Gesamtzustand und die Prognose des Patienten indiziert ist. Die Klärung der Frage der Indikation ist eine originär ärztliche Aufgabe entsprechend den fachlichen Standards des jeweiligen Fachgebietes. Es ist durch den Arzt zu prüfen, ob durch (weitere) Behandlungsmaßnahmen nach medizinischem Kenntnisstand noch medizinisch-technische Behandlungsziele (Heilung, Lebensverlängerung, Rehabilitation, Erhaltung der Lebensqualität) für den konkreten Patienten erreicht werden können (Bienwald-Hoffmann, § 1904 Rn. 122). Eine Indikation besteht nicht mehr, wenn der Sterbeprozess aller Wahrscheinlichkeit nach unabwendbar eingesetzt hat oder der Tod absehbar bevorsteht und lebenserhaltende Maßnahmen nur Leiden verlängern würden (vgl. Grundsätze der Bundesärztekammer zur ärztlichen Sterbebegleitung. Deutsches Ärzteblatt 2011; 108(7): A-346/B-278/C-278).

Würde der behandelnde Arzt die Indikation verneinen und eine Behandlung deshalb unterlassen, bedürfte es hierzu keiner Einwilligung des Vertreters des Patienten. Damit seine Entscheidung aber auch akzeptiert wird, sollte der Arzt sie mit den Beteiligten (Vertreter, Angehörige, Pflegende usw.) erörtern, auch um späteren Vorwürfen, er habe den Patienten zu früh sterben lassen, zu begegnen.

Bejaht der Arzt eine Indikation oder kann er sie nicht ausschließen (wie vermutlich hier), hat er als Nächstes zu fragen, ob sein Patient mit der indizierten Maßnahme einverstanden wäre, was sich aus einer Patientenverfügung oder früheren Äußerungen (mutmaßlicher Wille) ergeben kann.

10.4.2 Patientenwille?

Hier liegt eine schriftliche Patientenverfügung vor, in der für den Fall dauerhafter Einwilligungsunfähigkeit eine künstliche Ernährung abgelehnt wird. Das Gesetz sieht vor, dass der Arzt mit dem Stellvertreter des Patienten (Betreuer oder Bevollmächtigter) erörtert, ob die Patientenverfügung auf die aktuelle Behandlungssituation zutrifft und der Patient keine weitere künstliche Ernährung haben will (§ 1901b Abs. 1 BGB). schriftliche Patienten- verfügung

Falls kein Stellvertreter vorhanden ist (weil der Patient neben seiner Patientenverfügung keine Vorsorgevollmacht erteilt hat oder weil (noch) kein Betreuer bestellt ist), kann der Arzt nach Meinung der BÄK (Ziff. 2 der Empfehlungen) eine „eindeutige" Patientenverfügung direkt befolgen. Bei berechtigten Zweifeln daran, dass die vorhandene Patientenverfügung auf die aktuelle Lebens- und Behandlungssituation zutrifft, ist jedoch ein Betreuer durch das Betreuungsgericht zu bestellen, eventuell durch einstweilige Anordnung.

Bei der Erörterung des Patientenwillens durch Arzt und Stellvertreter soll nach dem Gesetz auch nahen Angehörigen und sonstigen Vertrauenspersonen des Patienten Gelegenheit zur Äußerung gegeben werden, sofern dies ohne erhebliche Verzögerung möglich ist (§ 1901 a Abs. 2 BGB).

10.4.3 Einvernehmen über Patientenwille?

Kommen Arzt und Stellvertreter – eventuell nach Anhörung von Angehörigen und sonstigen Vertrauenspersonen – überein, dass die Patientenverfügung auf die aktuelle Behandlungssituation zutrifft und der Patient mit der weiteren künstlichen Ernährung nicht einverstanden ist, muss diese lebenserhaltende Maßnahme abgebrochen werden. Der Patient darf nur noch palliativ-medizinisch behandelt werden. Der Arzt hat die Pflicht, das Einvernehmen entsprechend zu dokumentieren (§ 10 der Musterberufsordnung für deutsche Ärzte und Ärztinnen). Eine gerichtliche Überprüfung des Behandlungsabbruchs Behandlungs- abbruch wäre nur im Dissensfalle vorgeschrieben, d. h. wenn Arzt und Stellvertreter kein Einvernehmen über den Patientenwillen erzielen könnten. Nur in diesem Fall muss das Betreuungsgericht angerufen werden.

10.4.4 Mutmaßlicher Wille?

mutmaßlichen Willen des Patienten ermitteln

Hätte der Patient im Beispielsfall keine schriftliche Patientenverfügung verfasst oder träfe sie nicht auf die aktuelle Behandlungssituation zu, müssten Arzt und Stellvertreter eventuelle Behandlungswünsche oder den mutmaßlichen Willen des Patienten ermitteln (§ 1901 a Abs. 2 BGB). Behandlungswünsche können schriftliche, mündliche oder konkludente Äußerungen bezüglich einer konkreten Lebens- und Behandlungssituation sein, in der z. B. auf eine bestimmte Maßnahme verzichtet werden soll. Der mutmaßliche Wille ist nach dem Gesetz aufgrund konkreter Anhaltspunkte zu ermitteln. Zu berücksichtigen sind insbesondere frühere mündliche oder schriftliche Äußerungen, ethische oder religiöse Überzeugungen und sonstige persönliche Wertvorstellungen des Patienten. Es muss geklärt werden, ob auf Grund dieser Anhaltspunkte ausreichend sicher vermutet werden kann, wie sich der Patient in der konkreten aktuellen Behandlungssituation entscheiden würde. Bloße Mutmaßungen über den Patientenwillen reichen nicht aus. Irrelevant sind auch eigene Wertvorstellungen der an der Entscheidung Beteiligten oder der Allgemeinheit.

konkrete Anhaltspunkte

Um solche subjektiven Anhaltspunkte zu ermitteln, soll wiederum nahen Angehörigen und sonstigen Vertrauenspersonen des Patienten Gelegenheit zur Äußerung geben werden, sofern dies ohne erhebliche Verzögerung möglich ist.

Könnte ein mutmaßlicher Wille des Patienten, nicht künstlich ernährt werden zu wollen, einvernehmlich (zwischen Arzt und Stellvertreter) festgestellt werden, hätte der Stellvertreter seine Entscheidung am mutmaßlichen Willen zu orientieren, d. h. hier, er würde seine Einwilligung in die weitere künstliche Ernährung verweigern. Wiederum wäre keine Überprüfung durch das Betreuungsgericht erforderlich.

Arzt und Stellvertreter nicht einig: Betreuungsgericht entscheidet

Könnte dagegen kein Einvernehmen zwischen Stellvertreter und Arzt über den mutmaßlichen Patientenwillen erzielt werden, müsste das Betreuungsgericht angerufen und die künstliche Ernährung bis zur Entscheidung des Gerichts fortgesetzt werden.

10.4.5 „Negativattest"

Obwohl nach dem Gesetz – wie oben ausgeführt – bei Einvernehmen zwischen dem behandelnden Arzt und dem Stellvertreter über den Willen oder mutmaßlichen Willen des Patienten keine Einschaltung des Betreuungsgerichts erforderlich ist, könnte der Stellvertreter zur Absicherung gleichwohl das Betreuungsgericht anrufen und um Genehmigung seiner Entscheidung bitten (Musterschreiben 16). Würde das Gericht feststellen, dass bei der vorgetragenen Sachlage eine gerichtliche Genehmigung nicht vorgesehen sei, wäre dies indirekt eine Bestätigung, dass im konkreten Fall tatsächlich ein Einvernehmen zwischen Arzt und Stellvertreter über den Willen des Patienten gegeben ist.

10.4.6 Ethische Fallberatung

Haben am Entscheidungsprozess Beteiligte (Stellvertreter, Arzt, Pflegende, Angehörige u. a.) moralische Bedenken oder sehen sie sich in einer ethischen Konfliktsituation bei der Befolgung des Patientenwillens, empfiehlt sich eine moderierte ethische Fallbesprechung, in der alle Gefühle, Argumente und Vorstellungen vorgebracht und diskutiert werden können. Ziel einer solchen Fallbesprechung ist es, am Ende doch noch zu einer einvernehmlichen Entscheidung zu kommen. Immer mehr Kliniken, aber auch Einrichtungen der Altenhilfe und der Behindertenhilfe richten sog. Ethikkomitees ein und bieten in schwierigen Entscheidungssituationen derartige Fallbesprechungen oder Fallberatungen an.

Ethische Fallbesprechung

10.4.7 Kein Wille des Patienten feststellbar

Kann ein auf die Durchführung, die Nichteinleitung oder die Beendigung einer ärztlichen Maßnahme gerichteter Wille des Patienten auch nach Ausschöpfung aller verfügbaren Erkenntnisse nicht festgestellt werden, muss das Leben mit den gegebenen Mitteln so lange erhalten werden, wie ärztliche Maßnahmen in der individuellen Situation indiziert sind.

10.5   Patientenverfügungen in Notfallsituationen

10.5.1 Patientenanweisung

Wird der Hausarzt oder der Notarzt zu einer Notfallsituation gerufen, muss er grundsätzlich Rettungsmaßnahmen (z. B. Wiederbelebung oder Krankenhauseinweisung) versuchen, es sei denn,

>> der Patient liegt bereits im Sterben und Rettungsmaßnahmen würden den Tod nicht verhindern können,

>> der aktuell zu einer freien Willensentscheidung fähige Patient widerspricht,

>> der aktuell nicht ansprechbare Patient hat in einer Patientenverfügung Rettungsmaßnahmen „verboten".

Rettungsmaßnahmen in Notfallsituationen

Wird dem Arzt im zuletzt genannten Fall eine oft mehrere Seiten umfassende Patientenverfügung vorgelegt, wird er kaum in kurzer Zeit die in der Verfügung genannten Voraussetzungen für einen Verzicht auf Rettungsmaßnahmen eindeutig feststellen können.

In diesem Fall wäre eine kurze speziell (nur) für eine absehbare Notfallsituation verfasste und als „Patientenanweisung" bezeichnete Vorausverfügung hilfreich (Gerth et al.: Brauchen wir eine spezielle Notfall-Patientenverfügung? – Ergebnisse einer Pilotbefragung. Der Notarzt 9; 25: 189). Sie hat der Patient nach ärztlicher Beratung angesichts einer absehbaren Notfallsituation verfasst und ist vom Arzt mit unterschrieben. Auch auf die Beteiligung eines Bevollmächtigten bei der Entscheidungsfindung wird verzichtet (Muster S. 114). Eine solche Verfügung könnte der Arzt sofort befolgen, auf Rettungsmaßnahmen verzichten und statt dessen palliativmedizinische Maßnahmen einleiten. Unter diesen Voraussetzungen wäre auch eine so genannte DNR-Anordnung („Do not resuscitate") zweifelsfrei verbindlich.

DNR-Anordnung

Eine DNR-Anordnung kann in der Klinik aber auch damit begründet werden, dass die Ärzte die Indikation einer Rettungsmaßnahme in einer absehbaren Notsitation verneinen. Grundlage wäre dann nicht der Patientenwille, sondern die fehlende ärztliche Indikation für eine Rettungsmaßnahme.

10.5.2 Notfallanweisung

Ist der Patient bereits in einer Behandlungssituation, die er in seiner Patientenverfügung als Voraussetzung für deren Umsetzung festgelegt hat (z. B. Demenzerkrankung im Endstadium) und hätte er für diesen Fall eine Wiederbelebung und sonstige Rettungsmaßnahmen verboten, könnte in einer Notfallsituation darauf verzichtet werden, wenn der Bevollmächtige oder der Betreuer des Patienten mit dem behandelnden Hausarzt im Voraus Einvernehmen darüber hergestellt hätte, dass es dem Willen des Patienten widerspräche, in dieser Situation gerettet zu werden. Der Bevollmächtigte bzw. der Betreuer könnte dies in einer „Notfallanweisung" (Mustervorschlag G, S. 115) dokumentieren, die in einer Notfallsituation für alle Beteiligten verbindlich wäre.

10.6 Pflegeverfügung

Immer mehr ältere Menschen machen sich Gedanken darüber, wie und wo sie versorgt werden wollen, falls sie entscheidungsunfähig und pflegebedürftig werden sollten: Wollen sie möglichst lange in der häuslichen Umgebung gepflegt werden, auch unter Einsatz eventuellen Vermögens und moderner technischer Hilfsmittel wie z. B. Videoüberwachung? Oder möchten sie ihre Angehörigen ermuntern, sie erforderlichenfalls in ein Pflegeheim zu geben und sie dort möglichst häufig zu besuchen? Wer zu diesen schwierigen Fragen im Voraus Handlungshinweise und -anweisungen für Bevollmächtigte, Betreuer oder Angehörige geben möchte, könnte eine „Pflegeverfügung" (Mustervorschlag H, S. 116) verfassen.

11   Sterbehilfe und Sterbebegleitung

11.1   Definitionen der Sterbehilfe

Rechtlich unterscheidet man folgende Möglichkeiten, einem Menschen beim Sterben zu helfen bzw. seinen Tod herbeizuführen:

Aktive Sterbehilfe ist die Verkürzung des Lebens durch gezielte Herbeiführung des Todes. Aktive Sterbehilfe liegt vor, wenn etwa der Arzt dem unheilbar kranken und große Schmerzen leidenden Patienten eine Überdosis Morphium verabreicht, um das Leiden durch die Herbeiführung des Todes zu beenden. Diese Art der Sterbehilfe ist nach deutschem Recht verboten und strafbar. Dies gilt auch dann, wenn der einsichtsfähige Patient eine Lebensbeendigung ausdrücklich verlangt („Tötung auf Verlangen").

Tötung auf Verlangen ist strafbar

Passive Sterbehilfe (Sterben lassen) ist der Verzicht auf lebensverlängernde Maßnahmen oder deren Abbruch, wenn der Sterbevorgang bereits eingesetzt hat und der Tod unabwendbar bevorsteht. Ein Recht oder gar eine Pflicht des Arztes, das erlöschende Leben um jeden Preis zu verlängern, besteht rechtlich nicht.

Verzicht auf lebensverlängernde Maßnahmen

Aber auch wenn der Tod noch nicht absehbar bevorsteht, kann (und muss) auf lebenserhaltende Maßnahmen verzichtet oder eine bereits begonnene Behandlung abgebrochen werden, wenn dies der Patientenverfügung des Patienten oder seinem mutmaßlichen Willen entspricht. In seiner Entscheidung vom 25.06.2010 (2 StR 454/09) hat der Bundesgerichtshof klargestellt, dass (dem Willen des Patienten entsprechende) passive Sterbehilfe sowohl durch bloßes Unterlassen als auch durch aktives Tun erfolgen könne, das der Beendigung oder Verhinderung einer nicht mehr gewollten Behandlung diene.

Indirekte Sterbehilfe ist gegeben, wenn eine ärztlich gebotene und vom Patienten gewünschte Medikation zugleich den Todeseintritt beschleunigen kann, ohne dass dies Behandlungsziel ist. Indirekte Sterbehilfe ist erlaubt und bei eindeutigem Willen des Patienten, beim Sterben möglichst wenig oder nicht leiden zu müssen, auch rechtlich geboten.

Schmerzlinderung

Selbsttötung (Suizid) ist nach deutschem Recht straffrei. Deshalb ist auch die Beihilfe zum Suizid straffrei, sofern der Sterbewillige selbst und mit freiem Willen den letzten Schritt geht. Ärztlich assistierter Suizid ist die Bereitstellung einer tödlichen Medikamentenmischung durch den Arzt, die der Patient selbst und mit freiem Willen einnimmt. Diese Beihilfe des Arztes ist zwar ebenfalls nicht strafbar, jedoch nach derzeitiger Rechtslage in einigen Bundesländern standesrechtlich verboten (§ 16 (Muster-)Berufsordnung für die in Deutschland tätigen Ärztinnen und Ärzte – MBO-Ä 1997 – in der Fassung der Beschlüsse des 114. Deutschen Ärztetages 2011 in Kiel). Wichtig ist, dass nicht die Muster-Berufsordnung der Bundesärztekammer, sondern die Berufsordnung des jeweiligen Bundeslandes verbindlich ist.

11.2 Palliative Care

Wenn Menschen an einer nicht heilbaren, weit fortgeschrittenen oder lebensbedrohlichen Erkrankung leiden, kann die moderne Medizin noch viel für sie tun. Im Vordergrund steht nicht mehr die Lebensverlängerung im Sinne einer kurativen (auf Heilung eingestellten) Medizin, sondern die Palliativmedizin. Die Versorgung durch Palliative Care möchte die bestmögliche Lebensqualität in der noch verbleibenden Lebenszeit erreichen. Die palliative Versorgung bezieht alle Lebensbereiche ein, auch die Familie und das soziale Umfeld. Diese Fürsorge geht über den Tod des kranken Menschen hinaus.

Lebensqualität sichern

11.2.1 Begriffsbestimmung

WHO, European Association for Palliative Care und die Deutsche Gesellschaft für Palliativmedizin sehen in Palliative Care einen Ansatz zur Verbesserung der Lebensqualität von Patienten und deren Familien, die mit den Problemen einer lebensbedrohlichen Erkrankung konfrontiert sind. Palliative Care beinhaltet das Vorbeugen und Lindern von Leiden, und zwar durch frühzeitiges Erkennen, einwandfreie Einschätzung und Behandlung von Schmerzen sowie anderen belastenden Problemen körperlicher, psychosozialer und spiritueller Art.

palliativer Behandlungsansatz

Palliativmedizin ist nach der Definition der Deutschen Gesellschaft für Palliativmedizin die ärztliche Disziplin zur Behandlung von Patienten, die an einer nicht heilbaren, sich beständig verschlechternden und weit fortgeschrittenen Erkrankung mit begrenzter Lebenserwartung leiden. Das Hauptziel der Begleitung ist die Erhaltung von Lebensqualität. Palliativmedizin ist keine neue Disziplin. Sie ist wahrscheinlich die älteste. Früher gab es bei kaum einer Erkrankung einen kurativen Ansatz. Die moderne Palliativmedizin profitiert vom medizinischen und naturwissenschaftlichen Fortschritt: Sie sorgt für die Linderung von Schmerzen und quälend beeinträchtigenden Symptomen. Sie bietet Unterstützungsmöglichkeiten für Patienten an, damit diese ihr Leben bis zum Tode so aktiv wie möglich gestalten können. Die Palliativmedizin bejaht das Leben und betrachtet Sterben und Tod als zum Leben zugehörig. Deshalb wird der Tod weder beschleunigt noch hinausgezögert.

Der Tod wird weder beschleunigt noch hinausgezögert

Palliative Therapie versucht, wenn es für die Erhaltung von Lebensqualität beim Patienten sinnvoll und erwünscht erscheint, durch gezielte Eingriffe wie Operation, Chemotherapie oder Bestrahlung einem raschen Fortschreiten der Krankheit oder starker körperlicher wie psychischer Beeinträchtigung entgegenzuwirken. Diese Art der Therapie dient dazu, bestehendes Leiden und starke Schmerzen erträglicher zu machen.

Leiden erträglich machen

Palliative Pflege stellt an die Kompetenz der ausführenden Pflegefachkräfte besonders hohe Anforderungen, denn in der Versorgung von Palliativpatienten ist oft Fantasie und innovatives Denken gefordert. Dies geschieht in Zusammenarbeit mit dem kranken Menschen und seinen Angehörigen innerhalb eines interdisziplinären Teams. Hauptziel ist und bleibt die persönlich beschriebene und gewünschte Lebensqualität des Patienten und sein Recht auf Selbstbestimmung.

kompetente Pflege

Unter **Palliative Care** wird die aktive und umfassende Behandlung, Pflege und Begleitung unheilbar kranker Menschen durch ein multidisziplinäres Team aus Ärzten, Pflegekräften, Sozialarbeitern, Seelsorgern, Psychologen, Physiotherapeuten und ehrenamtlichen Kräften verstanden. Diese Art der umfassenden Versorgung kommt ab dem Zeitpunkt zum Tragen, an dem die Krankheit nicht mehr auf kurative Behandlung anspricht. Palliative Care will den kranken Menschen unterstützen, ein möglichst selbstbestimmtes Leben bis zum Tode zu führen. Die Angehörigen werden in der Verarbeitung der tödlichen Erkrankung und in der Bewältigung ihrer Trauer unterstützt.

umfassende Unterstützung

11.2.2 Möglichkeiten palliativen Einsatzes

Im ambulanten Hospizdienst sind vornehmlich auf diese Tätigkeit vorbereitete Ehrenamtliche tätig, die schwerstkranke und vor allem sterbende Menschen begleiten und deren Angehörige unterstützen – auch in der Trauer. Der **Hospizdienst** leistet keine Pflege. Er arbeitet in der Familie, im Pflegeheim, im stationären Hospiz sowie im Krankenhaus mit den bestehenden ambulanten und stationären Pflegediensten zusammen. Hospizdienste ergänzen bestehende Dienste. Die ehrenamtlichen Mitarbeiter sind an die Schweigepflicht gebunden und werden von geschulten Mitarbeitern fortlaufend begleitet.

ehrenamtlicher Hospizdienst

Brückenpflege: Brückenschwestern sind in Palliative Care spezialisierte Fachkräfte und meist einem onkologischen Schwerpunkt zugeordnet. Im Krankenhaus übernehmen sie Patienten zu einer integrierten Überleitung in die häusliche Weiterversorgung. Zusammen mit dem Hausarzt, der ambulanten Pflege und dem Hospizdienst koordinieren sie die Weiterversorgung des Patienten in seinem Wohnumfeld. Brückenschwestern können auch zur fachlichen Mithilfe von ambulanten Pflegediensten in Anspruch genommen werden.

integrierte Pflege-überleitung

Pflegefachkräfte besuchen zunehmend Weiterbildungsmaßnahmen und lassen sich in Palliative Care ausbilden. Ziel ist, jedem ambulanten oder stationären Pflegedienst eine Fachkraft mit Palliativkompetenz an die Seite zu stellen.

ambulante palliative Versorgung

Die gesetzlich verankerte **Spezialisierte Ambulante Palliativversorgung (SAPV)** dient dem Ziel, die Lebensqualität und die Selbstbestimmung schwerstkranker Menschen zu erhalten, zu fördern und zu verbessern und ihnen ein menschenwürdiges Leben bis zum Tod in ihrer vertrauten häuslichen Umgebung oder in einer stationären Pflegeeinrichtung zu ermöglichen. Die spezialisierten Leistungserbringer der SAPV sind Teil einer multiprofessionell vernetzten Versorgungsstruktur im jeweiligen regionalen Gesundheits- und Sozialsystem. Sie sind qualifizierte Ärzte, qualifizierte Pflegefachkräfte und arbeiten eng mit qualifizierten psychosozialen Unterstützern z. B. der ambulanten Pflege, den Hausärzten und anderen Diensten zusammen. Hierdurch soll immer mehr Menschen ermöglicht werden, ihr Leben in der vertrauten häuslichen Umgebung zu vollenden.

Palliativstationen sind eigenständige, an einen Fachbereich angebundene und in ein Krankenhaus integrierte Stationen. In einer Palliativstation werden Patienten in einem weit fortgeschrittenen Stadium einer nicht heilbaren Erkrankung mit begrenzter Lebenserwartung aufgenommen. Die stationäre Aufnahme kann erfolgen, wenn die Symptomkontrolle durch den Hausarzt an ihre Grenzen gestoßen ist. Symptome, die zu einer stationären Aufnahme führen können, sind u. a. Schmerzen, Übelkeit und Erbrechen, Luftnot, Austrocknung, Ermüdungszustände, Notwendigkeit zu künstlicher Ernährung, Angst- und Erregungszustände. Das Auftreten von psychosozialen Problemen und Lebenskrisen kann ein ebensolcher Grund sein. Die Behandlung auf der Palliativstation hat das Ziel, dem Patienten möglichst bald eine Rückkehr in seine gewohnte Umgebung zu ermöglichen.

In einem **palliativmedizinischen Konsiliardienst** bietet ein in Palliative Care erfahrenes Team seine Kenntnisse und Erfahrungen auf den Allgemeinstationen eines Krankenhauses an. Dies geschieht in den Bereichen Schmerztherapie, Symptomkontrolle, Pflege sowie psychosozialer und spiritueller Begleitung. In der Regel besteht ein solches Team aus Arzt, Pflegefachkraft, Seelsorger, Psychotherapeut, Sozialarbeiter und, je nach Bedarf, anderen therapeutischen Diensten.

Stationäre Hospize sind unabhängige Einrichtungen mit einer eigenen Infrastruktur. Im Allgemeinen werden Patienten in ein stationäres Hospiz aufgenommen, bei denen die Krankheit so weit fortgeschritten ist, dass der Tod nahe bevorsteht. Bei diesen Patienten ist eine Behandlung im Krankenhaus nicht erforderlich und eine ambulante Versorgung zu Hause nicht möglich. Der Patient kommt ins stationäre Hospiz zum Sterben. Im Hospiz wird unter ganzheitlichen Gesichtspunkten eine Palliative-Care-Versorgung durchgeführt. Dies geschieht durch palliativ-pflegerisch geschultes Personal, das von Ehrenamtlichen und den Angehörigen unterstützt wird. Die medizinische Versorgung obliegt den Hausärzten oder einem zugeordneten Palliativmediziner.

Verbesserung der Symptomkontrolle

unterstützende Beratung im Krankenhaus

ganzheitliche Sterbebegleitung

11.3 Ethische Aspekte

Eine Fülle an Technik und eine gewisse Zweckrationalität in der modernen Medizin scheinen zu signalisieren: für eine Heilung gibt es immer weniger Grenzen. Medizinischer Fortschritt ist zu begrüßen. Aber jeder weitere Fortschritt erschwert, ethisch betrachtet, ärztliche Entscheidungen – kann doch der Wunsch aufkommen, jede fortschrittliche Entwicklung für einen schwerkranken Patienten umzusetzen. Es stellt sich die Frage, ob in jedem Falle eine Notwendigkeit für diese neue medizinische Maßnahme besteht, unabhängig vom Wunsche des Patienten. Medizin betreiben bedeutet nicht ausschließlich unter dem Zwang der Wiederherstellung oder Verbesserung der Funktionsfähigkeit des menschlichen Körpers zu stehen. Sie umfasst weitergehende, medizinethisch begründete Aufgaben: Perspektiven aufzeigen außerhalb des Machbaren, Zuversicht spenden in jeder Krankheitsphase, Empathie zeigen ohne Wertungen, der Selbstheilung Wege aufzeigen.

Medizinischer Fortschritt kann Menschen helfen, macht ihnen aber zugleich in seiner Technisierung Angst. Gerade in diesem Zusammenhang wird das Sterben des Menschen immer stärker geprägt durch bewusste Entscheidungen für oder gegen eine medizintechnische Intervention.

Menschen, die an einer persönlichen Vorsorge für ihr Lebensende interessiert sind, sollten sich deshalb frühzeitig intensiv mit Krankheit und Behinderung, mit Leiden, Sterben und Tod auseinander setzen. Dazu könnten sie im Hinblick auf ihre Krankheiten durch ihren behandelnden Arzt ermuntert werden. Persönlich wichtige Werte und Einstellungen müssen für die eigene Person bedacht und anderen vertrauten Menschen mitgeteilt werden. Nur dann können Haltung und Einstellungen des Patienten als Grundlage für Entscheidungen an der Grenze zwischen Leben und Tod Aussagekraft gewinnen. Dem persönlichen Willen des Patienten kann mit diesen Kenntnissen im therapeutischen Vorgehen so Geltung verschafft werden.

Standesrechtlich gesehen besteht keine Indikation zu das Leben verlängernden Maßnahmen mehr, wenn der Sterbeprozess aller Wahrscheinlichkeit nach unabwendbar begonnen hat oder der Tod nahe bevorsteht.

11.3.1 Autonomie, Selbstbestimmung und Menschenwürde

Grundrecht auf
Autonomie und
Menschenwürde

Autonomie und Menschenwürde sind unveräußerlich und unantastbar. Sie sind von der Verfassung der BRD garantierte Grundrechte. In ihrer Beziehung zueinander können und werden sie aber unterschiedlich ausgelegt. In unserer Gesellschaft setzt sich kontinuierlich eine zunehmend höhere Gewichtung der Individualisierung von Lebensanschauungen durch. Differierende Wertehaltungen treten dadurch deutlicher zu Tage. So geraten Autonomie und Menschenwürde in ein Spannungsfeld.

Aus der Autonomie (Selbstverfügtheit) des Menschen leitet sich das Recht auf Selbstbestimmung ab. Daraus ergibt sich folgerichtig auch das Recht, vorausverfügend, Entscheidungen treffen zu können. Diese Entscheidungen zielen auf einen Krankheitszustand im Leben oder am Lebensende ab, der noch nicht genau bekannt ist, verbunden mit unvorhersehbaren Ereignissen. Menschenwürde und Selbstbestimmung schließen beim Eintritt von unvorhersehbaren Ereignissen eine vertrauensvolle Rückbindung an andere Menschen ein. Dafür ist die Fürsorge durch einen vertrauten Menschen erforderlich, der unterstützend hilft und, wenn erforderlich, stellvertretend auch Entscheidungen treffen darf.

11.3.2 Selbstbestimmung

Ein Mensch, bei dem ein Krankheitszustand eine dauerhafte Bewusstlosigkeit oder eine Bewusstseinsstörung hervorgerufen hat, kann seinen Willen nicht mehr ausdrücklich erklären. Sein Selbstbestimmungsrecht geht in dieser Situation nicht verloren. Andere Personen nehmen nun stellvertretend die Interessen des kranken Menschen wahr.

Selbstbestimmung
steht auch dem
kranken Menschen
zu

Die Selbstbestimmung eines Menschen als Ausdruck seiner Autonomie ist ein Recht, das jedem zusteht, auch dem kranken, der nicht in der Lage ist, sich zu äußern.

Gesundheit
und Krankheit

Aus ethischer Sicht sind unterschiedliche Betrachtungsweisen von Gesundheit und Krankheit möglich. Die WHO definiert Gesundheit als Abwesenheit von Krankheiten und Gebrechen sowie die Kraft, mit Störungen leben zu können. Diese dem Menschen innewohnende Kraft ist eng an die Ausübung seines selbstbestimmten Willens gebunden (voluntas aegroti). Selbst bestimmen zu können, welche ärztliche Maßnahme in einer aktuellen Krankheitssituation angenommen wird, ist höchst persönliche Entscheidung eines Menschen. Voraussetzung für die Einwilligung zur Umsetzung in eine ärztliche Maßnahme ist eine ausreichende Information (informed consent). Eine selbstbestimmte Haltung nimmt der Mensch ein, der gelernt hat, Verantwortung auch im Kranksein für sich selbst zu übernehmen, zu Entscheidungen zu gelangen und dazu zu stehen. Viele Menschen – chronisch Kranke ausgenommen – lernen nur selten in ihrem Leben, mit Krankheit und Leiden umzugehen. Im ärztlichen Alltag werden Menschen deshalb häufig unerwartet mit ihrem Selbstbestimmungsrecht und den daraus resultierenden Entscheidungsmöglichkeiten konfrontiert.

Krankheit kann zu einer Einschränkung der Selbstbestimmung führen. Ein Mensch, der sich nicht äußern kann, erleidet einen scheinbaren Verlust in der Möglichkeit, sein Selbstbestimmungsrecht umzusetzen. Unter dieser Betrachtungsweise stellt die Heilung eines kranken Menschen seine Selbstbestimmung wieder her. Eine Krankheitssituation macht jedoch hilfebedürftig und verringert die Distanz zu sich selbst. Wohlmeinende, aber fremdbestimmte Fürsorge will in dieser Situation das Heilwerden des Menschen unterstützen und seine Selbstbestimmung – durch Heilung – wieder herstellen (salus aegroti).

11.3.3 Wille oder Wohlergehen des Erkrankten (voluntas oder salus aegroti)

Gegenüber dem Lebenserhalt ist das Selbstbestimmungsrecht des Menschen nach der derzeitigen Rechtsprechung das höherwertige Rechtsgut. Der BGH entscheidet schon 1994, dass es zwar das vornehmste Recht des Arztes und seine wesentliche Pflicht ist, den kranken Menschen nach Möglichkeit von seinem Leiden zu befreien. Dieses Recht und diese Pflicht fänden aber in dem grundsätzlich freien Selbstbestimmungsrecht des Menschen über seinen Körper ihre Grenzen. Die oberste Richtschnur ärztlichen Handelns ist die im ärztlichen Standesrecht festgehaltene Selbstverpflichtung des Arztes, das Wohl des Patienten zu achten, Schaden von ihm abzuwenden, die vorhandenen Mittel bedacht einzusetzen und im Zweifelsfall dem Leben zu dienen.

Die Handlungsfreiheit nach den Regeln der ärztlichen Kunst beinhaltet, dass kein Patient das Recht hat, dem Arzt Vorgaben für die Behandlung zu machen. Sehr wohl gilt es dem Selbstbestimmungsrecht des Patienten in jeder Krankheitssituation – besonders auch, wenn das Lebensende zu erahnen ist – Achtung entgegenzubringen. Der Arzt ist für eine den Regeln der ärztlichen Heilkunst entsprechende Behandlung verantwortlich. Bei einem Eilfall, wenn der Patient keinen Gebrauch von seinem Selbstbestimmungsrecht machen kann, und kein rechtlicher Vertreter anwesend ist, muss der Arzt lege artis die aus seiner Sicht erforderlichen Maßnahmen treffen, die im objektiven Interesse des Patienten liegen.

Kann der Mensch auch in einer Krankheitssituation seine Selbstbestimmung umsetzen? Dies gilt es, bei grundsätzlicher Bejahung, in jedem Einzelfall einer Prüfung zu unterziehen. Im ärztlichen Alltag ist es oft schwierig, zwischen der Umsetzbarkeit einer ärztlichen Maßnahme, der Notwendigkeit ihres Einsatzes (medizinische Indikation) und der Einstellung des Patienten (frei verantwortete Entscheidung) zu unterscheiden. Für viele von Fürsorge für einen kranken Menschen geleitete Ärzte sowie am Heilberuf Beteiligte bringt die Konfrontation mit der Ausübung des Selbstbestimmungsrechts eines kranken Menschen eine enorme Verunsicherung mit sich. Das herkömmliche Arzt-Patienten-Verhältnis wird scheinbar auf den Kopf gestellt: Nicht mehr das ärztlich verfügte Wohl weist für den Patienten den Weg, sondern der Wille des kranken Menschen bestimmt ihn. Die ärztliche Fürsorgepflicht besteht trotzdem ungebrochen weiter.

Wille oder Wohl des Kranken

Ärzte müssen sich damit vertraut machen, Entscheidungen eines Kranken gegen ihr fachlich fundiertes Wissen nicht als Kränkung zu verstehen. Dies schließt auch ein, Sterben und Tod nicht als ärztliche Niederlage zu sehen, sondern als eine dem menschlichen Leben zugehörige Wegstrecke. Sterbebegleitung ist kein Eingeständnis von beruflichem Unvermögen, sondern eine notwendige, der ärztlichen Fürsorge anvertraute Lebensbegleitung.

Sterbende begleiten

11.3.4 Ethische Sichtweisen zur Sterbehilfe

Parallel zur Zunahme der Bedeutung der Selbstbestimmung haben der Wunsch nach einer palliativen Versorgung und das Anrecht darauf den Weg in die Mitte unserer Gesellschaft gefunden. Schwerstkranke und sterbende Menschen können sich durch eine Begleitung mit Palliative Care geborgen fühlen. Ein weiterer Ausbau dieses Angebots, und damit eine Zugänglichkeit für alle Menschen in Deutschland, muss erreicht werden.

Zur gleichen Zeit kommt es zu kontroversen öffentlichen Diskussionen um das Thema des assistierten Suizids auf Grundlage differierender Wertehaltungen. Unter dem Schlagwort „Mein Ende gehört mir" fordern Menschen ein Recht auf letzte Hilfe zum Sterben. Sie wünschen sich Unterstützung zur Durchführung einer Selbsttötung. Andere, die dieses Recht nicht umgesetzt wissen möchten, versteifen sich auf die Forderung des Verbotes von Organisationen, die den Tod als Dienstleistung anbieten.

Diese Kontroverse spiegelt sich auch in der Ärzteschaft wider. Für eine Assistenz durch einen Arzt bei der Selbsttötung bietet das ärztliche Standesrecht keine einheitliche Regelung. Durch unterschiedliche Formulierungen in den Satzungen der einzelnen Ärztekammern in der Bundesrepublik bewegen sich Ärzte, die von ihren Patienten um eine Beihilfe zur Selbsttötung gebeten werden, in einer Grauzone. Je nach Bundesland ist, im Falle eines assistierten Suizids, die Zulassung zur ärztlichen Tätigkeit standesrechtlich bedroht. Einerseits wird die Mitwirkung des Arztes als nicht ärztliche Aufgabe abgelehnt. Dagegen steht andererseits die medizinethische Auffassung, die Ablehnung einer individuell gestimmten ärztlichen Beihilfe zur Selbsttötung zeuge von einer Geringschätzung des Rechts auf Selbstbestimmung und darüber hinaus mangelnder ärztlicher Fürsorge.

Es gibt Sterbehilfeorganisationen in Deutschland und, für wenige möglich, den Sterbehilfe-Tourismus in die Schweiz. Da besteht Diskussionsbedarf in unserer auf Leistungserbringung ausgerichteten Gesellschaft. Ein Diskurs ist angezeigt zu Fragen der Menschenwürde, dem Sinn des Lebens, der Nützlichkeit des Menschen, der Lebensqualität des kranken Menschen, den Beziehungen im sozialen Netz.

Die individuelle Lebensqualität hat eine überragende Bedeutung gewonnen. Nicht in Pflegeabhängigkeit zu geraten, das zur Last werden für andere tagtäglich zu spüren, nicht durch starke Medikamente im Ich ausgeschaltet zu sein, keine Angst mehr erleben zu müssen, einfach genug zu haben vom täglichen Leben – dies sind die vielfältigen Beweggründe für Menschen,die zu einem selbst gewählten Zeitpunkt aus dem Leben scheiden möchten. Dem entgegen steht der christliche Standpunkt, der besagt, dass der Mensch als Geschöpf Gottes nicht frei über den Zeitpunkt seines Todes verfügen darf. Unterschiedliche, ethisch begründete Positionen stehen einander gegenüber. Die eine Position vertritt die Auffassung, Menschen, die ihr Leben nicht mehr als lebenswert erlebten, müsse widersprochenen werden, dürfe nicht nachgegeben werden. Die Vertreter der gegenteiligen Auffassung argumentieren, dass das, woran Menschen am tiefsten und persönlichsten leiden, fast allen Anderen unzugänglich sei und respektiert werden müsse.

11.4   Gegenwärtige gesellschaftliche Entwicklungen und Auswirkungen auf das Gesundheitssystem

Wie bereits ausgeführt, wird Menschenwürde verknüpft mit Selbstbestimmung und Selbständigkeit auch im Alter und am Lebensende. Hilflosigkeit und Abhängigkeit von anderen Menschen wird oft als würdelos empfunden. Eine Situation, die es mit allen Mitteln zu vermeiden gilt. Mit einer Patientenverfügung möchte man solche Situationen, in denen man nicht mehr im Vollbesitz der geistigen Kräfte ist, vermeiden. Manche möchten, dass ihre Patientenverfügung bereits in Notfallsituationen zum Tragen kommt. Man hat dann im Beratungsgespräch den Eindruck, dass diese Menschen die Hilflosigkeit in solchen Notfallsituationen nicht ertragen können und lieber einen raschen Tod wünschen. Ignoriert wird, dass in solchen Situationen Unklarheit über die Notfallursachen und die Prognose bestehen können und somit Chancen vergeben werden.

Manche Menschen möchten vermeiden, dass unkontrollierbare Situationen entstehen. Wenn sich dann abzeichnen sollte, dass sie nicht mehr Herr der Lage sind, dann möchten sie diese Lage lieber selbst beenden. Ursache dieser Entwicklung ist ein gewisses Misstrauen und Kontrollbedürfnis der Patienten.

Bestürzend ist auch die Hilflosigkeit der Angehörigen, die mit schweren Krankheiten (Schlaganfall, Demenz, Alkoholismus etc.) oft überhaupt nicht zurecht kommen. Bei den Angehörigen fehlt häufig Zeit und Wissen, um damit adäquat umzugehen. Diese Hilflosigkeit führt dann zu vorschnellen Entscheidungen, die Wohnung wird aufgelöst, der Patient im Pflegeheim untergebracht, obwohl Rehabilitationsmaßnahmen nicht ausgeschöpft waren. Es fehlt häufig auch an der Bereitschaft, die Pflege auch nur vorübergehend zu übernehmen. Es wird dann vorgebracht, dass man dazu nicht in der Lage sei, selbst krank sei, seinen Arbeitsplatz gerade jetzt nicht vernachlässigen könne usw.

Die Patienten wollen dann ihren Angehörigen dieses Opfer nicht abverlangen und ihnen nicht zur Last fallen. Die gegenwärtige Diskussion über Sterbehilfe und assistierten Suizid ist sicher durch diese unterschwelligen Ängste geprägt.

Wie können wir diesem Dilemma entkommen? Der Mangel an geriatrischem Wissen und fehlenden Pflegekenntnissen sowie an Versorgungskonzepten muss behoben werden. Selbst Ärzte sind nicht über die Möglichkeiten der geriatrischen Rehabilitation, über geeignete Hilfsmittel und neue Versorgungsmöglichkeiten am Lebensende (SAPV) informiert. Beratungsstellen (z. B. Pflegestützpunkte) sind mit den oft komplexen Versorgungssituationen überfordert. Die Finanzierung von Pflegeleistungen ist oft unklar (Pflegeversicherung ist nur „Teilkaskoversicherung"), ebenso die Entwicklung im Gesundheitssystem und in der Altenhilfe. Sicher ist, dass in Zukunft aufgrund der demografischen Entwicklung der Anteil derer, die Leistung benötigen, überproportional steigt gegenüber der Gruppe, die medizinische und pflegerische Leistungen erbringen und finanzieren muss. Ist die gegenwärtige Sterbehilfediskussion in diesem Zusammenhang zu sehen? Wäre ein „sozialverträgliche Ableben" eventuell sogar gesellschaftlich erwünscht?

Ein „Weiter so" bringt keine Lösung! Wir brauchen

1. eine schonungslose Situationsanalyse. Wir dürfen uns nicht selbst in die Tasche lügen.
2. Die Fehlentwicklung muss dargestellt werden.
3. Die missliche Lage und zunehmende Fehlentwicklung muss öffentlich diskutiert werden.
4. Alternativen müssen gesucht werden, wobei es bereits gute Ansätze gibt.
5. Konsequente Umsetzung von geeigneten Lösungen und zwar sofort. Wir haben nicht mehr viel Zeit!

12   Das Wichtigste für den Arzt kurzgefasst

Informieren Sie sich nach Möglichkeit vor der Behandlung von Patienten, die nicht mehr einwilligungsfähig sind, ob
>> eine Vollmacht erteilt worden ist, die auch die Heilbehandlung umfasst,
>> ein gesetzlicher Betreuer mit dem Aufgabenkreis „Heilbehandlung" bestellt ist,
>> eine Patientenverfügung erstellt wurde.

Ist eine Vollmacht erteilt worden oder ein gesetzlicher Betreuer bestellt, holen Sie von dieser Person stellvertretend für den Patienten die Einwilligung für Ihre ärztliche Behandlung ein.

Im Notfall, wenn keine Zeit bleibt, die Einwilligung eines Bevollmächtigten oder gesetzlichen Betreuers einzuholen, handeln Sie lege artis im objektiven Interesse Ihres Patienten.

Ist keine Vollmacht erteilt und noch kein Betreuer bestellt, regen Sie beim Betreuungsgericht eine Betreuerbestellung an.

Die Umsetzung einer Patientenverfügung bzw. des mutmaßlicher Willens erfolgt im Einvernehmen mit dem Bevollmächtigten/Betreuer. Nur im Dissensfall ist eine gerichtliche Genehmigung erforderlich.

Ist kein Bevollmächtigter oder Betreuer vorhanden, können Sie eine Patientenverfügung ausnahmsweise auch ohne Beteiligung eines Stellvertreters direkt befolgen, wenn Sie keinerlei Zweifel an ihrer Validität haben. Andernfalls regen Sie die Bestellung eines Betreuers an, mit dem zusammen Sie die Patientenverfügung interpretieren und klären, ob der Wille des Patienten bezüglich der aktuellen Behandlungssituation festgestellt werden kann.

Kann weder ein schriftlicher Wille noch ein mutmaßlicher Wille festgestellt werden, gilt in dubio pro vita, solange lebensverlängernde Maßnahmen indiziert sind.

Falls Ihnen die Entscheidung eines Bevollmächtigten oder eines gesetzlichen Betreuers bezüglich einer ärztlichen Maßnahme – oder deren Unterlassung – in keiner Weise vertretbar erscheint, rufen Sie das nächstgelegene Betreuungsgericht an und verlangen Sie eine gerichtliche Eilentscheidung.

13 Beratung zu vorsorgenden Verfügungen

13.1 Beratung ist wichtig

Am Rande mancher Gespräche in der Familie werden manchmal auch Wünsche angesprochen, die sich auf das Lebensende beziehen. Meist wird schnell darüber hinweggegangen, weil viele Angehörige das konkrete Gespräch und die notwendige Auseinandersetzung mit dem eigenen Sterben und dem Tod geliebter Menschen scheuen. Tritt dann eine lebensbedrohliche Situation ein, besteht große Unsicherheit darüber, was zu tun ist. Weil das Gespräch im Vorfeld fehlte, kennen die Angehörigen die Wünsche und Vorstellungen des betroffenen Patienten nicht. Sie müssen Entscheidungen treffen und handeln dann oft – ohne es zu wollen – gegen den Willen des Kranken.

Eine Beratung zu vorsorgenden Verfügungen soll Menschen befähigen, Verantwortung für sich selbst zu übernehmen. Sie werden dadurch in die Lage versetzt, für ihre persönlichen Angelegenheiten sowie für ihre Angehörigen jene Vorkehrungen zu treffen, die ihren Lebenswünschen entsprechen.

13.2 Warum Beratung durch den Arzt?

Für jeden Arzt ist es eine Selbstverständlichkeit, dass jede medizinische Maßnahme die Einwilligung des aufgeklärten Patienten erfordert. Es ist auch die ureigene Aufgabe des Arztes zu beurteilen, ob er sich mit seinem Patienten (noch) verständigen kann. Niemand würde zur Klärung dieser Frage den Patienten zu einem Rechtsanwalt oder Notar schicken, um dadurch eine höhere Rechtsverbindlichkeit zu erhalten. Bei der Beratung zu einer Patientenverfügung handelt es sich im Wesentlichen um ein vorgezogenes Aufklärungsgespräch, für das in erster Linie Ärzte – und nicht Rechtanwälte und Notare – zuständig sind. Der Beratene muss am Ende des Gesprächs entscheiden können, welche medizinischen Maßnahmen er an seinem Lebensende möchte und welche er ablehnt.

Stellt sich nur diese medizinische Frage, warum braucht ein Arzt dann für das Beratungsgespräch noch weiteres Wissen und Können?

Bei den alltäglichen Aufklärungsgesprächen werden eine konkrete Erkrankung und das Für und Wider konkreter Behandlungsmöglichkeiten abgewogen. Bei der Aufklärung zu Maßnahmen am Lebensende, vielleicht viele Jahre vor dem eigentlichen Ereignis, werden fiktive Situationen besprochen. Niemand kann sein Leben vorwegnehmen, sein Lebensende vorhersehen und damit auf eine ganz konkrete Situation hin Vorsorge treffen. Es ist schwierig und oft unangenehm, sich mit den Umständen des eigenen Sterbens auseinander zu setzen. Beide, Berater und Patient neigen dazu, über kritische Aspekte rasch hinweg zu gehen.

Meist sind konkrete Ereignisse im Umfeld der Auslöser für das Beratungsgespräch. Es erfordert in dieser Situation viel Fingerspitzengefühl, jetzt die notwendigen Themen anzusprechen. Aus diesem Grund sollen hier die Prinzipien des Beratungs- und Aufklärungsgesprächs und Empfehlungen zur erfolgreichen Umsetzung angesprochen werden.

13.3 Ziel der Beratung

Ziel der Beratung ist, einerseits dem Klienten zur Klarheit über eigene Vorstellungen und Wünsche zu verhelfen und andererseits Hilfestellung zur Entscheidungsfindung zu geben. Der Berater kann außerdem Mut zum Gespräch mit Angehörigen machen. Ein Beratungsgespräch kann zur Auseinandersetzung mit folgenden Themen anregen:

>> Einsamkeit und Älterwerden
>> Persönlicher Lebenssinn
>> Der persönliche Platz im familiären und sozialen Umfeld
>> Abgrenzung der eigenen Bedürfnisse von denen der Angehörigen im Konfliktfall
>> Eigene Wünsche und Ängste im Zusammenhang mit Sterben und Tod
>> Erwartungen und Befürchtungen, die mit der Patientenverfügung verbunden sind
>> Das Finden und Auswählen einer nahen Vertrauensperson

13.4 Wichtige Fragen in der Beratung

a) Leitfragen zu den Zielen des Klienten
> Warum kommt der Klient gerade jetzt zur Beratung (konkreter Anlass)?
> Welche Vorstellungen hat der Klient?
> Gibt es bereits ein Vorwissen über die Verfügungen?
> Woher stammen diese Informationen?
> Inwieweit ist der Inhalt einer Patientenverfügung bereits bekannt?
> Welche Erwartungen, Wünsche und Ängste werden mit den Verfügungen verbunden?
> Wird ein weiteres Gespräch gewünscht?

b) Leitfragen zur aktuellen Lebenssituation des Klienten
> Gegenwärtige Lebenssituation des Klienten (Familienstand, aktuelle Krise, Gesundheitszustand, Zukunftspläne, religiöse Orientierung)
> Hat sich der Klient im Vorfeld bereits mit den Lebensaspekten Krankheit, Pflegebedürftigkeit, Sterben und Tod auseinandergesetzt? Mit welcher Person?
> Kennen Menschen aus dem Umfeld die Ängste, Wünsche und Vorstellungen des Klienten?
> Gibt es aus dem Familien-, Verwandtschafts- oder Freundeskreis eine Person, die als Vertrauensperson in Frage kommt?
> Welche Kriterien sprechen für diese Person, welche dagegen?
> Wurde bereits mit dieser Person über die daraus entstehenden Aufgaben und Rechte gesprochen?
> Wie steht die Person zu den bevorstehenden Aufgaben?
> Wer käme sonst noch als Vertrauensperson (z. B. Seelsorger) in Frage?

c) Leitfragen mit Blick auf das eigene Ende
> Welche Ängste, Wünsche und Bedürfnisse verbindet der Klient mit der Vorstellung, schwer krank zu sein, nicht mehr selbst entscheiden zu können, ganz von anderen abhängig zu sein?
> Was wünscht sich der Klient für diese Situation?
> Was verbindet der Klient mit den Begriffen Lebens- und Sterbequalität?
> Was bedeutet menschenwürdiges Sterben?

> Was macht bei dem Gedanken an den eigenen Tod Angst?
> Gibt es Überlegungen oder eine Meinung zur Frage einer Organspende nach dem Eintritt des Hirntodes?
> Welche Rolle spielen Glaube und Religion für den Klienten?

13.5   Stichpunkte zur Technik der Gesprächsführung

>> Gespräch in Rahmen- und Kerngespräch gliedern
>> Erwartungen des Klienten zu Beginn abklären und am Schluss nachfragen, ob diese erfüllt sind
>> Klienten nicht mit Informationen überfrachten, sondern Informationsbedarf im Dialog erschließen
>> Genügend Zeit für Rückmeldungen lassen, der Klient bestimmt Tempo und Inhalt der Beratung, der Berater gibt dem Gespräch Struktur
>> Mit W-Fragen erschließen (wo, warum, weshalb, wie etc.)
>> Suggestiv- und Mehrfachfragen vermeiden
>> Wertende Äußerungen vermeiden
>> Auch nonverbale Signale beachten
>> Keine Entscheidungen abnehmen oder vorwegnehmen
>> Keine voreiligen Ratschläge erteilen
>> Zwischen- und Endergebnisse formulieren
>> In der „Ich-Form" und nicht in der „Man-Form" sprechen
>> Eventuell „spiegeln", d. h. inhaltliche Aussagen und emotionale Botschaften aufgreifen und in anderen Worten wiedergeben, um die Aussage zu konkretisieren

13.6   Wichtige Hinweise

Während der Beratung sollen keine Formulare unterschrieben werden Der Berater soll nicht als Vertrauensperson oder Bevollmächtigter fungieren.

Das Beratungsgespräch wird in der Patientenakte dokumentiert. Auch hier gilt die ärztliche Schweigepflicht.

Eine Rechtsberatung findet nicht statt, lediglich Information über die jeweiligen Rechtsfragen.

13.7 Checkliste für die anzusprechenden Punkte

1. Auf ethischem Gebiet
   > Umgang mit Sterben und Tod in der eigenen Familie
   > Bereitschaft, eigene Verantwortung für Krankheit, Sterben und Tod zu übernehmen
   > Bereitschaft, sich mit dem Sterbenmüssen auseinander zu setzen
   > Annahme des eigenen Todes
   > Überlegungen zu Menschenwürde, Sinne des Lebens, Nützlichkeit des Menschen
   > Überlegungen zur Lebensqualität Schwerstkranker und Sterbender
   > Beziehungen zu Familienmitgliedern, Freunden und Angehörigen
   > Abgrenzung Sterbehilfe und Sterbebegleitung
2. Auf medizinischen Gebiet
   > Möglichkeiten der Intensivmedizin zur Lebensverlängerung
   > Möglichkeiten der künstlichen Ernährung
   > Möglichkeiten der Begrenzung einer Therapie
   > Möglichkeiten des Abbruchs bereits eingeleiteter lebenserhaltender Maßnahmen
   > Möglichkeit der Therapiebeschränkung
   > Herztod und Hirntod unterscheiden
   > Möglichkeiten der Palliativversorgung ambulant und stationär
   > Kriterien der medizinischen Entscheidungsfindung
   > Ermittlung des mutmaßlichen Willens
   > Verantwortung des Arztes in akut lebensbedrohlichen Notfallsituationen
   > Bedeutung und Verbindlichkeit einer Patientenverfügung für den Arzt
   > Beurteilung der Entscheidungsfähigkeit aus medizinischer Sicht
   > Bedeutung eines Bevollmächtigten oder Betreuers am Lebensende
3. Auf rechtlichem Gebiet
   > Was bedeutet Geschäftsfähigkeit, was Einwilligungsfähigkeit?
   > Was bedeutet vorausverfügter und was mutmaßlicher Wille?

> Rolle von Vertrauensperson, Bevollmächtigtem, Betreuer und deren rechtliche Aufgaben
> Vorteile und Risiken einer Vorsorgevollmacht im Vergleich zur gesetzlichen Betreuung
> Aufgaben des Betreuungsgerichts bzgl. Bevollmächtigtem und Betreuer
> Rechtliche Bedeutung der verschiedenen Formen der Sterbehilfe (aktiv – passiv – indirekt)

4. Auf psychosozialem Gebiet
> Hinweis auf die Notwendigkeit des Gesprächs mit Angehörigen (Gesprächsprozess)
> Sind Ängste und Wünsche des Klienten erfasst und ausreichen berücksichtigt worden?
> Wurden Hilfestellungen gegeben, um Wünsche und Bedürfnisse anzusprechen?
> Sind aktuelle Lebenssituationen und sich daraus ergebende Probleme erfasst und berücksichtigt worden?
> Wurde eine geeignete Vertrauensperson ermittelt?
> Weitere Gesprächsangebote

13.8 Praktische Hinweise zur Beratung

>> Unterlagen vorher aushändigen und den Klienten darauf hinweisen, sich Gedanken und Notizen zu machen
>> Bei der Terminvereinbarung: mindestens 30 min Zeit einplanen
>> Beratungsablauf:
> Einleitendes Gespräch, bei dem zunächst die aktuelle Lebenssituation erschlossen wird. Beginn z. B. mit der Frage nach dem aktuellen Anlass für die Beschäftigung mit der Patientenverfügung
> Hinweis, dass Vertretung durch Vorsorgevollmacht oder Betreuung geklärt werden sollte, eventuell Rechtsberatung durch Notar oder Rechtsanwalt
> Anhand des Formulars der Patientenverfügung können die einzelnen Punkte besprochen werden
> Kein rascher Abschluss des Beratungsgesprächs. Der Klient braucht Zeit.

>> Vorsorgeumfang: Die Patientenverfügung sollte nach Möglichkeit mit einer weiteren Verfügung zur Vertretung des Klienten kombiniert werden. Der Umfang der Vorsorge orientiert sich an der persönlichen Situation des Klienten.

> Basisvorsorge: Patientenverfügung und Gesundheitsvollmacht
> Umfassende Vorsorge: Patientenverfügung und Vorsorgevollmacht (Notar oder Rechtsanwalt)
> Alternative Vorsorge: Patientenverfügung und Betreuungsverfügung

13.9 Advance care planning

Versorgungsplanung und Vorsorge für ein selbstbestimmtes Leben am Lebensende ist nicht wie eine Kaufentscheidung zu verstehen. Je nach Lebensphase werden Entscheidungen den aktuellen Lebensbedingungen angepasst. Langjährige Beratertätigkeit zeigt, dass oft mehrere Gespräche und längere Phasen des Nachdenkens erforderlich sind, bis eine Entscheidung reift.

Aufgabe des Beraters (z. B. Hausarzt) ist, den Klienten in diesem Entscheidungsprozess zu begleiten und aufgrund langjähriger Erfahrungen Hilfestellung zu bieten.

Anhang

Gesetzestexte

Grundgesetz

Art. 1

(1) Die Würde des Menschen ist unantastbar. Sie zu achten und zu schützen ist Verpflichtung aller staatlichen Gewalt.

(2) Das Deutsche Volk bekennt sich darum zu unverletzlichen und unveräußerlichen Menschenrechten als Grundlage jeder menschlichen Gemeinschaft, des Friedens und der Gerechtigkeit in der Welt.

(3) Die nachfolgenden Grundrechte binden Gesetzgebung, vollziehende Gewalt und Rechtsprechung als unmittelbar geltendes Recht.

Art. 2

(1) Jeder hat das Recht auf die freie Entfaltung seiner Persönlichkeit, soweit er nicht die Rechte anderer verletzt und nicht gegen die verfassungsmäßige Ordnung oder das Sittengesetz verstößt.

(2) Jeder hat das Recht auf Leben und körperliche Unversehrtheit. Die Freiheit der Person ist unverletzlich. In diese Rechte darf nur auf Grund eines Gesetzes eingegriffen werden.

Bürgerliches Gesetzbuch (BGB)

§ 630d Einwilligung

(1) Vor Durchführung einer medizinischen Maßnahme, insbesondere eines Eingriffs in den Körper oder die Gesundheit, ist der Behandelnde verpflichtet, die Einwilligung des Patienten einzuholen. Ist der Patient einwilligungsunfähig, ist die Einwilligung eines hierzu Berechtigten einzuholen, soweit nicht eine Patientenverfügung nach § 1901a Absatz 1 Satz 1 die Maßnahme gestattet oder untersagt. Weitergehende Anforderungen an die Einwilligung aus anderen Vorschriften bleiben unberührt. Kann eine Einwilligung für eine unaufschiebbare Maßnahme nicht rechtzeitig eingeholt werden, darf sie ohne Einwilligung

durchgeführt werden, wenn sie dem mutmaßlichen Willen des Patienten entspricht.

(2) Die Wirksamkeit der Einwilligung setzt voraus, dass der Patient oder im Fall des Absatzes 1 Satz 2 der zur Einwilligung Berechtigte vor der Einwilligung nach Maßgabe von § 630e Absatz 1 bis 4 aufgeklärt worden ist.

(3) Die Einwilligung kann jederzeit und ohne Angabe von Gründen formlos widerrufen werden.

§ 1896 Voraussetzungen einer Betreuerbestellung

(1) Kann ein Volljähriger auf Grund einer psychischen Krankheit oder einer körperlichen, geistigen oder seelischen Behinderung seine Angelegenheiten ganz oder teilweise nicht besorgen, so bestellt das Betreuungsgericht auf seinen Antrag oder von Amts wegen für ihn einen Betreuer. Den Antrag kann auch ein Geschäftsunfähiger stellen. Soweit der Volljährige auf Grund einer körperlichen Behinderung seine Angelegenheiten nicht besorgen kann, darf der Betreuer nur auf Antrag des Volljährigen bestellt werden, es sei denn, dass dieser seinen Willen nicht kundtun kann.

(1a) Gegen den freien Willen des Volljährigen darf ein Betreuer nicht bestellt werden.

(2) Ein Betreuer darf nur für Aufgabenkreise bestellt werden, in denen die Betreuung erforderlich ist. Die Betreuung ist nicht erforderlich, soweit die Angelegenheiten des Volljährigen durch einen Bevollmächtigten, der nicht zu den in § 1897 Abs. 3 bezeichneten Personen gehört, oder durch andere Hilfen, bei denen kein gesetzlicher Vertreter bestellt wird, ebenso gut wie durch einen Betreuer besorgt werden können.

(3) Als Aufgabenkreis kann auch die Geltendmachung von Rechten des Betreuten gegenüber seinem Bevollmächtigten bestimmt werden.

(4) Die Entscheidung über den Fernmeldeverkehr des Betreuten und über die Entgegennahme, das Öffnen und das Anhalten seiner Post werden vom Aufgabenkreis des Betreuers nur dann erfasst, wenn das Gericht dies ausdrücklich angeordnet hat.

§ 1901 Umfang der Betreuung, Pflichten des Betreuers

(1) Die Betreuung umfasst alle Tätigkeiten, die erforderlich sind, um die Angelegenheiten des Betreuten nach Maßgabe der folgenden Vorschriften rechtlich zu besorgen.

(2) Der Betreuer hat die Angelegenheiten des Betreuten so zu besorgen, wie es dessen Wohl entspricht. Zum Wohl des Betreuten gehört auch die Möglichkeit, im Rahmen seiner Fähigkeiten sein Leben nach seinen eigenen Wünschen und Vorstellungen zu gestalten.

(3) Der Betreuer hat den Wünschen des Betreuten zu entsprechen, soweit dies dessen Wohl nicht zuwiderläuft und dem Betreuer zuzumuten ist. Dies gilt auch für Wünsche, die der Betreute vor der Bestellung des Betreuers geäußert hat, es sei denn, dass er an diesen Wünschen erkennbar nicht festhalten will. Ehe der Betreuer wichtige Angelegenheiten erledigt, bespricht er sie mit dem Betreuten, sofern dies dessen Wohl nicht zuwiderläuft.

(4) Innerhalb seines Aufgabenkreises hat der Betreuer dazu beizutragen, dass Möglichkeiten genutzt werden, die Krankheit oder Behinderung des Betreuten zu beseitigen, zu bessern, ihre Verschlimmerung zu verhüten oder ihre Folgen zu mildern. Wird die Betreuung berufsmäßig geführt, hat der Betreuer in geeigneten Fällen auf Anordnung des Gerichts zu Beginn der Betreuung einen Betreuungsplan zu erstellen. In dem Betreuungsplan sind die Ziele der Betreuung und die zu ihrer Erreichung zu ergreifenden Maßnahmen darzustellen.

(5) Werden dem Betreuer Umstände bekannt, die eine Aufhebung der Betreuung ermöglichen, so hat er dies dem Betreuungsgericht mitzuteilen. Gleiches gilt für Umstände, die eine Einschränkung des Aufgabenkreises ermöglichen oder dessen Erweiterung, die Bestellung eines weiteren Betreuers oder die Anordnung eines Einwilligungsvorbehalts (§ 1903) erfordern.

§ 1901 a Patientenverfügung

(1) Hat ein einwilligungsfähiger Volljähriger für den Fall seiner Einwilligungsunfähigkeit schriftlich festgelegt, ob er in bestimmte, zum Zeitpunkt der Festlegung noch nicht unmittelbar bevorstehende Untersuchungen seines Gesundheitszustandes, Heilbehandlungen oder

ärztliche Eingriffe einwilligt oder sie untersagt (Patientenverfügung), prüft der Betreuer, ob diese Festlegungen auf die aktuelle Lebens- und Behandlungssituation zutreffen. Ist dies der Fall, hat der Betreuer dem Willen des Betreuten Ausdruck und Geltung zu verschaffen. Eine Patientenverfügung kann jederzeit formlos widerrufen werden.

(2) Liegt keine Patientenverfügung vor oder treffen die Festlegungen einer Patientenverfügung nicht auf die aktuelle Lebens- und Behandlungssituation zu, hat der Betreuer die Behandlungswünsche oder den mutmaßlichen Willen des Betreuten festzustellen und auf dieser Grundlage zu entscheiden, ob er in eine ärztliche Maßnahme nach Absatz 1 einwilligt oder sie untersagt. Der mutmaßliche Wille ist aufgrund konkreter Anhaltspunkte zu ermitteln. Zu berücksichtigen sind insbesondere frühere mündliche oder schriftliche Äußerungen, ethische oder religiöse Überzeugungen und sonstige persönliche Wertvorstellungen des Betreuten.

(3) Die Absätze 1 und 2 gelten unabhängig von Art und Stadium einer Erkrankung des Betreuten.

(4) Niemand kann zur Errichtung einer Patientenverfügung verpflichtet werden. Die Errichtung oder Vorlage einer Patientenverfügung darf nicht zur Bedingung eines Vertragsschlusses gemacht werden.

(5) Die Absätze 1 bis 3 gelten für Bevollmächtigte entsprechend.

§ 1901 b Gespräch zur Feststellung des Patientenwillens

(1) Der behandelnde Arzt prüft, welche ärztliche Maßnahme im Hinblick auf den Gesamtzustand und die Prognose des Patienten indiziert ist. Er und der Betreuer erörtern diese Maßnahme unter Berücksichtigung des Patientenwillens als Grundlage für die nach § 1901 a zu treffende Entscheidung.

(2) Bei der Feststellung des Patientenwillens nach § 1901 a Abs. 1 oder der Behandlungswünsche oder des mutmaßlichen Willens nach § 1901 a Abs. 2 soll nahen Angehörigen und sonstigen Vertrauenspersonen des Betreuten Gelegenheit zur Äußerung gegeben werden, sofern dies ohne erhebliche Verzögerung möglich ist.

(3) Die Absätze 1 und 2 gelten für Bevollmächtigte entsprechend.

**§ 1904 Genehmigung des Betreuungsgerichts
bei ärztlichen Maßnahmen**

(1) Die Einwilligung des Betreuers in eine Untersuchung des Gesundheitszustands, eine Heilbehandlung oder einen ärztlichen Eingriff bedarf der Genehmigung des Betreuungsgerichts, wenn die begründete Gefahr besteht, dass der Betreute auf Grund der Maßnahme stirbt oder einen schweren und länger dauernden gesundheitlichen Schaden erleidet. Ohne die Genehmigung darf die Maßnahme nur durchgeführt werden, wenn mit dem Aufschub Gefahr verbunden ist.

(2) Die Nichteinwilligung oder der Widerruf der Einwilligung des Betreuers in eine Untersuchung des Gesundheitszustands, eine Heilbehandlung oder einen ärztlichen Eingriff bedarf der Genehmigung des Betreuungsgerichts, wenn die Maßnahme medizinisch angezeigt ist und die begründete Gefahr besteht, dass der Betreute auf Grund des Unterbleibens oder des Abbruchs der Maßnahme stirbt oder einen schweren und länger dauernden gesundheitlichen Schaden erleidet.

(3) Die Genehmigung nach den Absätzen 1 und 2 ist zu erteilen, wenn die Einwilligung, die Nichteinwilligung oder der Widerruf der Einwilligung dem Willen des Betreuten entspricht.

(4) Eine Genehmigung nach Absatz 1 und 2 ist nicht erforderlich, wenn zwischen Betreuer und behandelndem Arzt Einvernehmen darüber besteht, dass die Erteilung, die Nichterteilung oder der Widerruf der Einwilligung dem nach § 1901 a festgestellten Willen des Betreuten entspricht.

(5) Die Absätze 1 bis 4 gelten auch für einen Bevollmächtigten. Er kann in eine der in Absatz 1 Satz 1 oder Absatz 2 genannten Maßnahmen nur einwilligen, nicht einwilligen oder die Einwilligung widerrufen, wenn die Vollmacht diese Maßnahmen ausdrücklich umfasst und schriftlich erteilt ist."

**§ 1906 Genehmigung des Betreuungsgerichts
bei der Unterbringung**

(1) Eine Unterbringung des Betreuten durch den Betreuer, die mit Freiheitsentziehung verbunden ist, ist nur zulässig, solange sie zum Wohl des Betreuten erforderlich ist, weil

1. auf Grund einer psychischen Krankheit oder geistigen oder seelischen Behinderung des Betreuten die Gefahr besteht, dass er sich

selbst tötet oder erheblichen gesundheitlichen Schaden zufügt, oder

2. zur Abwendung eines drohenden erheblichen gesundheitlichen Schadens eine Untersuchung des Gesundheitszustands, eine Heilbehandlung oder ein ärztlicher Eingriff notwendig ist, ohne die eine Unterbringung des Betreuten nicht durchgeführt werden kann und der Betreute auf Grund einer psychischen Krankheit oder geistigen oder seelischen Behinderung die Notwendigkeit der Unterbringung nicht erkennen oder nicht nach dieser Einsicht handeln kann.

(2) Die Unterbringung ist nur mit Genehmigung des Betreuungsgerichts zulässig. Ohne die Genehmigung ist die Unterbringung nur zulässig, wenn mit dem Aufschub Gefahr verbunden ist; die Genehmigung ist unverzüglich nachzuholen. Der Betreuer hat die Unterbringung zu beenden, wenn ihre Voraussetzungen wegfallen. Er hat die Beendigung der Unterbringung dem Betreuungsgericht anzuzeigen.

(3) Widerspricht eine ärztliche Maßnahme nach Absatz 1 Nummer 2 dem natürlichen Willen des Betreuten (ärztliche Zwangsmaßnahme), so kann der Betreuer in sie nur einwilligen, wenn

1. der Betreute auf Grund einer psychischen Krankheit oder einer geistigen oder seelischen Behinderung die Notwendigkeit der ärztlichen Maßnahme nicht erkennen oder nicht nach dieser Einsicht handeln kann,

2. zuvor versucht wurde, den Betreuten von der Notwendigkeit der ärztlichen Maßnahme zu überzeugen,

3. die ärztliche Zwangsmaßnahme im Rahmen der Unterbringung nach Absatz 1 zum Wohl des Betreuten erforderlich ist, um einen drohenden erheblichen gesundheitlichen Schaden abzuwenden,

4. der erhebliche gesundheitliche Schaden durch keine andere dem Betreuten zumutbare Maßnahme abgewendet werden kann und

5. der zu erwartende Nutzen der ärztlichen Zwangsmaßnahme die zu erwartenden Beeinträchtigungen deutlich überwiegt.

§ 1846 ist nur anwendbar, wenn der Betreuer an der Erfüllung seiner Pflichten verhindert ist.

(3a) Die Einwilligung in die ärztliche Zwangsmaßnahme bedarf der Genehmigung des Betreuungsgerichts. Der Betreuer hat die Einwil-

ligung in die ärztliche Zwangsmaßnahme zu widerrufen, wenn ihre
Voraussetzungen wegfallen. Er hat den Widerruf dem Betreuungsgericht anzuzeigen.

(4) Die Absätze 1 und 2 gelten entsprechend, wenn dem Betreuten,
der sich in einer Anstalt, einem Heim oder einer sonstigen Einrichtung aufhält, ohne untergebracht zu sein, durch mechanische Vorrichtungen, Medikamente oder auf andere Weise über einen längeren
Zeitraum oder regelmäßig die Freiheit entzogen werden soll.

(5) Die Unterbringung durch einen Bevollmächtigten und die Einwilligung eines Bevollmächtigten in Maßnahmen nach den Absätzen 3
und 4 setzen voraus, dass die Vollmacht schriftlich erteilt ist und die
in den Absätzen 1, 3 und 4 genannten Maßnahmen ausdrücklich umfasst. Im Übrigen gelten die Absätze 1 bis 4 entsprechend.

Anmerkung zu den folgenden §§ 1837 und 1846 BGB

Die Vorschriften gelten entsprechend für Betreuer: An die Stelle des
Familiengerichts tritt das Betreuungsgericht, an die Stelle des Vormunds tritt der Betreuer.

§ 1837 Beratung und Aufsicht

(1) Das Familiengericht berät die Vormünder. Es wirkt dabei mit, sie
in ihre Aufgaben einzuführen.

(2) Das Familiengericht hat über die gesamte Tätigkeit des Vormunds
und des Gegenvormunds die Aufsicht zu führen und gegen Pflichtwidrigkeiten durch geeignete Gebote und Verbote einzuschreiten. Es kann
dem Vormund und dem Gegenvormund aufgeben, eine Versicherung
gegen Schäden, die sie dem Mündel zufügen können, einzugehen.

(3) Das Familiengericht kann den Vormund und den Gegenvormund
zur Befolgung seiner Anordnungen durch Festsetzung von Zwangsgeld
anhalten. Gegen das Jugendamt oder einen Verein wird kein Zwangsgeld festgesetzt.

(4) §§ 1666, 1666a und 1696 gelten entsprechend.

§ 1846 Einstweilige Maßregel

Ist ein Vormund noch nicht bestellt oder ist der Vormund an der Erfüllung seiner Pflichten verhindert, so hat das Familiengericht die im Interesse des Betroffenen erforderlichen Maßregeln zu treffen.

Literatur

Bühler E, Kren R, Stolz K. Sterbehilfe – Sterbebegleitung – Patienten-verfügung: Ergebnisse einer bundesweiten Umfrage unter Ärzten. BtPrax 2002; 6: 232–237.

Bühler E, Stolz K. Wann hat ein Grundleiden einen „irreversiblen töd-lichen Verlauf" angenommen? FamRZ 2003; 25: 1622.

Bühler E, Riedel A, Stolz K. Alzheimerdemenz – Medizinische, recht-liche und ethische Fragestellungen im Krankheitsverlauf – ein Über-blick. BtPrax 2014; 5: 197–204.

Brosey D. Der Wille des Patienten entscheidet – Übersicht über die gesetzliche Regelung. BtPrax 2009; 4: 175–177.

Jurgeleit A. Betreuungsrecht, Kommentar, 2. Aufl. Baden-Baden: Nomos, 2010.

Klie T, Bauer A. Patientenverfügungen, Vorsorgevollmachten richtig beraten, 2. Aufl. Heidelberg: C.F. Müller, 2005.

Lipp, V. (Hrsg.) Handbuch der Vorsorgeverfügungen. München: Franz Vahlen, 2009.

May AT. Autonomie und Fremdbestimmung bei medizinischen Ent-scheidungen für Nichteinwilligungsfähige. Münster: Lit, 2000.

Pakaki N, Riedel A, Stolz K. Palliative Sedierung. BtPrax 2010; 4: 156–159.

Putz W, Steldinger B. Patientenrechte am Ende des Lebens, 4. Aufl. München: Beck, 2012.

Riedel A, Stolz K. Sterbehilfe: Wer darf/muss die Behandlung ab-brechen – Arzt, Pflegende, Betreuer? BtPrax 2011; 1: 13–17.

Rudolf GAE, Leygraf N, Windgassen K. Psychiatrie heute, Aspekte und Perspektiven. Festschrift für Rainer Tölle. München: Urban & Schwarzenberg, 1994.

Strätling M, Schar VE, Wulf H, Eisenbart B, Simon A. Stellvertreter-entscheidungen in Gesundheitsfragen und Vorausverfügungen von Pa-tienten. Eine praxisorientierte Übersicht zu rechtlichen und ethischen Problemen bei der Behandlung nicht einwilligungsfähiger Personen. Anästhesist 2000; 7: 657–674.

Stolz K. Patientenverfügungen in Notfallsituationen. BtPrax 2011; 3: 107–110.

Strätling M, Sedemund-Abib B, Scharf VE, Schmucker P. Entscheidungen am Lebensende in Deutschland – Zivilrechtliche Rahmenbedingungen, disziplinübergreifende Operationalisierung und transparente Umsetzung. Medizinethische Materialien Heft 144. Bochum: Zentrum für medizinische Ethik, 2003.

Wiebach K, Kreyßig M, Peters H, Winterstein P. Was ist „gefährlich"? – Ärztliche und juristische Aspekte bei der Anwendung des § 1904. BtPrax 1997; 2: 48–53.

Zeitschriften

>> Betreuungsrechtliche Praxis (BtPrax), Bundesanzeiger-Verlag, Köln.
>> Neue Juristische Wochenschrift (NJW), Beck, München.
>> PflegeRecht, Luchterhand, Neuwied.
>> Zeitschrift für das gesamte Familienrecht (FamRZ), Gieseking, Bielefeld.
>> Zeitschrift für Rechtspolitik (ZRP) Beck, München.

Internethinweise

>> Empfehlungen der Bundesärztekammer und der Zentralen Ethikkommission bei der Bundesärztekammer zum Umgang mit Vorsorgevollmacht und Patientenverfügung in der ärztlichen Praxis (Deutsches Ärzteblatt 2010; 107, Heft 18). (**http://www.bundesaerztekammer.de/downloads/Patientenverfuegung_und_Vollmacht_Empfehlungen_BAeK-ZEKO_DAe1.pdf**)
>> Bundesministerium der Justiz (**http://www.bmj.de/SharedDocs/Downloads/DE/broschueren_fuer_warenkorb/Anlagen/Textbausteine_Patientenvfg_Januar2010.html**)
>> Betreuungsrecht-Lexikon (**http://wiki.btprax.de**)
>> Esslinger Initiative Vorsorgen Selbst bestimmen e.V. (**http://www.esslinger-initiative.de**)

Musterschreiben

Auf den folgenden Seiten werden exemplarisch vorformulierte Anschreiben für Ärzte bzw. Betreuer/Bevollmächtigte dargestellt:

>> Musterschreiben (1) des Betreuers an den behandelnden Arzt (S. 85)
>> Musterschreiben (2) des Arztes an das Betreuungsgericht[5] wegen Fehlentscheidung des Betreuers (S. 86)
>> Musterschreiben (3) des Arztes an das Betreuungsgericht[6] wegen Fehlentscheidung des Bevollmächtigten (S. 87)
>> Musterschreiben (4) des Arztes an das Betreuungsgericht[7] wegen Betreuerbestellung (S. 88)
>> Musterschreiben (5) des Arztes an das Betreuungsgericht wegen dringender ärztlicher Maßnahme (S. 89)
>> Musterschreiben (6a) des Betreuers an das Betreuungsgericht[6] wegen Einwilligung in eine gefährliche ärztlicher Maßnahme (S. 90)
>> Musterschreiben (6b) des Betreuers an das Betreuungsgericht[6] wegen Nichteinwilligung in eine ärztliche Maßnahme (S. 91)
>> Musterschreiben (7a) des Bevollmächtigten an das Betreuungsgericht[6] wegen Einwilligung in eine gefährliche ärztlicher Maßnahme (S. 92)
>> Musterschreiben (7b) des Bevollmächtigten an das Betreuungsgericht[6] wegen Nichteinwilligung in eine ärztliche Maßnahme (S. 93)
>> Musterschreiben (8) des Arztes an das Betreuungsgericht[6] wegen gefährlicher ärztlicher Maßnahme (mit Einwilligung des Betreuers/Bevollmächtigten) (S. 94)
>> Musterschreiben (9) des Arztes an das Betreuungsgericht[6] wegen einstweiliger Maßregel zur Unterbringung (S. 95)
>> Musterschreiben (10) des Betreuers an das Betreuungsgericht[6] wegen freiheitsentziehender Maßnahmen (S. 96)
>> Musterschreiben (11) des Bevollmächtigten an das Betreuungsgericht[6] wegen freiheitsentziehender Maßnahmen (S. 97)

---

[5] Das zuständige Gericht sowie das Aktenzeichen sind dem Betreuerausweis zu entnehmen
[6] Das für den gewöhnlichen Aufenthalt (Wohnung/Heim) des Patienten zuständige Amtsgericht
[7] Im Landesteil Württemberg ist das Bezirksnotariat das für Betreuerbestellungen zuständige Betreuungsgericht

>> Musterschreiben (12) des Arztes an das Betreuungsgericht[5] wegen Fehlentscheidung des gesetzlichen Betreuers (freiheitsentziehende Maßnahmen) (S. 98)

>> Musterschreiben (13) des Arztes an das Betreuungsgericht[6] wegen Fehlentscheidung des Bevollmächtigten (freiheitsentziehende Maßnahmen) (S. 99)

>> Musterschreiben (14) des Arztes an das Betreuungsgericht wegen einstweiliger freiheitsentziehender Maßregel (S. 100)

>> Musterschreiben (15a) des Betreuers an das Betreuungsgericht[6] wegen Nichteinwilligung in lebenserhaltende Maßnahmen (S. 101)

>> Musterschreiben (15b) des Bevollmächtigten an das Betreuungsgericht[6] wegen Nichteinwilligung in lebenserhaltende Maßnahmen (S. 102)

>> Musterschreiben (16) des Betreuers/Bevollmächtigten wegen Abbruchs lebenserhaltender Maßnahmen (mutmaßlicher Wille/ Negativattest) (S. 103)

Mustervorschläge für Vollmachten und Verfügungen:[8]

>> Mustervorschlag (A) Vorsorgevollmacht (S. 104)
>> Mustervorschlag (B) Gesundheitsvollmacht (S. 106)
>> Mustervorschlag (C) Vollmacht bei Klinikaufnahme (S. 108)
>> Mustervorschlag (D) Patientenverfügung (S. 109)
>> Mustervorschlag (E) Betreuungsverfügung (S. 113)
>> Mustervorschlag (F) Patientenanweisung (S. 114)
>> Mustervorschlag (G) Notfallanweisung des Betreuers (S. 115)
>> Mustervorschlag (H) Pflegeverfügung (S. 116)

Musterbögen zum Download unter:

http://www.alzheimerinfo.de
http://www.heilberufe.de
http://www.springermedizin.de/downloadcenter

---

[8] Die Formulierungsvorschläge für Vorsorgevollmacht, Gesundheitsvollmacht, Patientenverfügung und Betreuungsverfügung wurden in der Esslinger Initiative (www.esslinger-initiative.de) entwickelt.

Karl Mustermann

Musterstraße 1
11222 Musterstadt
Tel.: +49 1111 223344
Fax: +49 1111 223345
E-Mail: karl@mustermann.de

Karl Mustermann | Musterstraße 1 | 11222 Musterstadt

Musterstadt, den 01.05.2015

Betreff: Betreuung für ...,
geb. am ... , in ...
Zuständiges Betreuungsgericht: ...

Sehr geehrte/r Frau/Herr Dr. ...,

ich bin vom o. g. Betreuungsgericht zum Betreuer für Ihren Patienten bestellt worden. Mein Aufgabenkreis umfasst die Gesundheitsfürsorge. Als gesetzlicher Vertreter trage ich für sämtliche ärztliche Untersuchungs- und Behandlungsmaßnahmen Verantwortung. Informieren Sie mich deshalb bitte über jede wesentliche Erkrankung und erfragen Sie meine Einwilligung, bevor Sie Untersuchungs- oder Behandlungsmaßnahmen durchführen, falls mein Betreuter Ihre Aufklärung nicht verstehen sowie Art, Bedeutung und Tragweite der vorgeschlagenen Maßnahme nicht erfassen kann.

In wirklichen Notfällen treffen Sie selbstverständlich auch ohne meine Einwilligung die erforderlichen Entscheidungen.

Falls die begründete Gefahr besteht, dass mein Betreuter auf Grund einer bestimmten Untersuchung, einer Heilbehandlung oder eines Eingriffs stirbt oder einen schweren und länger dauernden gesundheitlichen Schaden erleidet, ist zusätzlich zu meiner Einwilligung noch eine betreuungsgerichtliche Genehmigung des örtlichen Amtsgerichts erforderlich (§ 1904 BGB). Ohne diese Genehmigung wäre die ärztliche Maßnahme nicht rechtmäßig. Bitte konsultieren Sie mich, sobald Sie eine solche „gefährliche" Maßnahme in Erwägung ziehen, damit ich für den Patienten eine Entscheidung treffen kann.

Ich bin unter der oben angegeben Telefon- bzw. Faxnummer/E-Mail-Adresse erreichbar und melde mich bei einer entsprechenden Aufforderung umgehend bei Ihnen.

Mit freundlichen Grüßen

Musterschreiben (1) des Betreuers an den behandelnden Arzt

Karl Mustermann

Musterstraße 1

11222 Musterstadt

Tel.: +49 1111 223344

Fax: +49 1111 223345

E-Mail: karl@mustermann.de

Karl Mustermann | Musterstraße 1 | 11222 Musterstadt

Musterstadt, den 01.05.2015

Betreff: Aufsicht über Betreuer nach § 1837 Abs. 2 BGB/
Einstweilige Maßregel gem. § 1846 BGB
Patient: ...
geb. am ...   , wohnhaft ...

Sehr geehrte Damen und Herren,

als behandelnder Arzt des o. g. Patienten kann ich die Entscheidungen des gerichtlich bestellten Betreuers für Gesundheitsangelegenheiten
...,   wohnhaft ...,
nicht akzeptieren, da sie nicht im wohlverstandenen Interesse meines Patienten liegen. Die
folgende ärztliche Maßnahme ist aus ärztlicher Sicht dringend erforderlich: ...

...

Würde diese unterlassen, besteht folgende Gefahr: ...

...

Der Patient selbst kann seine Einwilligung zu der Maßnahme nicht geben, da er krankheitsbedingt entscheidungsunfähig ist. Der Betreuer hat sich mit folgender Begründung gegen
diese Maßnahme ausgesprochen: ...

...

Eine Patientenverfügung, Betreuungsverfügung oder frühere mündliche Äußerungen des
Patienten zu der jetzigen Situation, auf die sich der Betreuer berufen könnte, liegen nicht vor.
Ich beantrage deshalb, dem Betreuer gem. § 1837 Abs. 2 BGB entsprechende Anweisungen zu erteilen oder ihn wegen fehlender Eignung zu entlassen und im Wege einer einstweiligen Maßregel die oben beschriebene ärztliche Maßnahme zu genehmigen.

Unterschrift

Karl Mustermann

Musterstraße 1

11222 Musterstadt

Tel.: +49 1111 223344

Fax: +49 1111 223345

E-Mail: karl@mustermann.de

Musterstadt, den 01.05.2015

L   ⌐

Betreff: Bestellung eines Kontrollbetreuers nach § 1896 Abs. 3 BGB/

Einstweilige Maßregel nach § 1846 BGB

Patient: ...

geb. am ...   , wohnhaft ...

Sehr geehrte Damen und Herren,

als behandelnder Arzt des o. g. Patienten, kann ich die Entscheidung des Bevollmächtigten für Gesundheitsangelegenheiten

....,   wohnhaft ...,

nicht akzeptieren, da sie nicht im wohlverstandenen Interesse meines Patienten liegt. Die folgende ärztliche Maßnahme ist aus ärztlicher Sicht dringend erforderlich: ...

Würde diese unterlassen, besteht folgende Gefahr: ...

...

Der Patient selbst kann seine Einwilligung zu der Maßnahme nicht geben, da er krankheitsbedingt entscheidungsunfähig ist. Der von ihm bestellte Bevollmächtigte hat sich mit folgender Begründung gegen diese Maßnahme ausgesprochen: ...

...

Die Entscheidung des Bevollmächtigten ist in keiner Weise nachvollziehbar und widerspricht in eklatanter Weise dem Wohl meines Patienten. Eine Patientenverfügung oder frühere mündliche Äußerungen des Patienten zu der jetzigen Situation, auf die sich der Bevollmächtigte berufen könnte, liegen nicht vor. Ich beantrage deshalb, im Wege einer einstweiligen Anordnung einen Kontrollbetreuer zu bestellen, die Vollmacht insoweit zu widerrufen und im Wege einer einstweiligen Maßregel die oben beschriebene ärztliche Maßnahme zu genehmigen.

Unterschrift

Karl Mustermann

Musterstraße 1

11222 Musterstadt

Tel.: +49 1111 223344

Fax: +49 1111 223345

E-Mail: karl@mustermann.de

Karl Mustermann | Musterstraße 1 | 11222 Musterstadt

Musterstadt, den 01.05.2015

Betreff: Bestellung eines gesetzlichen Betreuers

Patient: ...

geb. am ...   , wohnhaft ...

Sehr geehrte Damen und Herren,

als behandelnder Arzt rege ich die Bestellung eines gesetzlichen Betreuers mit den Aufgaben-kreisen Gesundheitsangelegenheiten/medizinische Behandlung an.

Mein Patient leidet an ...

Er ist krankheitsbedingt nicht in der Lage, meine ärztliche Aufklärung zu verstehen und eine eigen-verantwortliche Entscheidung über die erforderliche Behandlung zu treffen. Eine Vollmacht ist nach meiner Kenntnis nicht erteilt worden.

Als gesetzlicher Betreuer kommt meines Erachtens aus dem persönlichen Umfeld des Patien-ten folgende Person in Betracht:

...,   wohnhaft ...

Da der Patient dringend behandlungsbedürftig ist, rege ich den Erlass einer einstweiligen An-ordnung an. Ich bitte, mich umgehend über die Person des Betreuers zu informieren, damit ich die weitere Behandlung mit ihm absprechen kann.

Mit meinem Patienten konnte ich aus den oben genannten Gründen dieses Anregungs-schreiben nicht besprechen. Ich gehe jedoch von seiner mutmaßlichen Einwilligung in die Weiter-gabe der Behandlungsdaten an das Gericht aus.

Unterschrift

Karl Mustermann

Musterstraße 1

11222 Musterstadt

Tel.: +49 1111 223344

Fax: +49 1111 223345

E-Mail: karl@mustermann.de

Karl Mustermann | Musterstraße 1 | 11222 Musterstadt

Musterstadt, den 01.05.2015

Betreff: Genehmigung einer ärztlichen Maßnahme gem. § 1846 BGB

Patient: ...

geb. am ...   , wohnhaft ...

Sehr geehrte Damen und Herren,

Oben genannter Patient ist seit ...   in meiner Behandlung. Diagnose: ...

...

Der Patient ist nicht einwilligungsfähig. Vorgesehene ärztliche Maßnahme, Begründung ihrer Notwendigkeit und Darlegung der Gefahr bei Unterlassen: ...

...

Eine Vollmacht für Gesundheitsfragen ist nicht erteilt, ein gesetzlicher Betreuer noch nicht bestellt worden. Die geplante ärztliche Maßnahme muss spätestens in ... Tagen/Wochen erfolgen.

Nächster Angehöriger ist ...

Ich bitte um Genehmigung der oben genannten Maßnahme und Bekanntgabe der gerichtlichen Entscheidung per Fax. Falls bis spätestens ...   keine Entscheidung vorliegt, muss notfallmäßig lege artis entschieden werden.

Unterschrift

Musterschreiben (5) des Arztes an das Betreuungsgericht wegen dringender ärztlicher Maßnahme

Karl Mustermann

Musterstraße 1
11222 Musterstadt
Tel.: +49 1111 223344
Fax: +49 1111 223345
E-Mail: karl@mustermann.de

Karl Mustermann | Musterstraße 1 | 11222 Musterstadt

Musterstadt, den 01.05.2015

Betreff: Genehmigung nach § 1904 Abs. 1 BGB
Patient: ...
geb. am ... , wohnhaft ...

Sehr geehrte Damen und Herren,

als gesetzlicher Betreuer des o. g. Patienten beantrage ich gem. § 1904 BGB, meine Einwilligung in folgende ärztliche Maßnahme betreuungsgerichtlich zu genehmigen: ...
...

Begründung: Der Patient leidet an ...
Er ist nicht mehr entscheidungsfähig.

Der behandelnde Arzt/die behandelnde Ärztin rät, die oben genannte Maßnahme vorzunehmen, weil ...
Allerdings ist mit der Maßnahme folgende begründete Gefahr verbunden: ...
...

Deshalb beantrage ich, meine Einwilligung zu genehmigen.

Unterschrift

Anlagen: Bestellungsurkunde, ärztliches Zeugnis

Karl Mustermann

Musterstraße 1

11222 Musterstadt

Tel.: +49 1111 223344

Fax: +49 1111 223345

E-Mail: karl@mustermann.de

Karl Mustermann | Musterstraße 1 | 11222 Musterstadt

Musterstadt, den 01.05.2015

Betreff: Genehmigung nach § 1904 Abs. 2 BGB

Patient: ...

geb. am ...   , wohnhaft ...

Sehr geehrte Damen und Herren,

als gesetzlicher Betreuer des o. g. Patienten beantrage ich gem. § 1904 BGB, meine Nichteinwilligung in folgende ärztliche Maßnahme betreuungsgerichtlich zu genehmigen: ...

...

Begründung: Der Patient leidet an ...
Er ist nicht mehr entscheidungsfähig.

Der behandelnde Arzt rät, die oben genannte Maßnahme vorzunehmen, weil ...

...

Ich willige jedoch in diese Maßnahme nicht ein, weil ...

...

Ich beantrage, meine Entscheidung zu genehmigen, da auf Grund des Unterbleibens der Maßnahme die begründete Gefahr besteht, dass ...

...

Unterschrift

Anlagen: Bestellungsurkunde, ärztliches Zeugnis

Karl Mustermann

Musterstraße 1
11222 Musterstadt
Tel.: +49 1111 223344
Fax: +49 1111 223345
E-Mail: karl@mustermann.de

Karl Mustermann | Musterstraße 1 | 11222 Musterstadt

Musterstadt, den 01.05.2015

Betreff: Genehmigung nach § 1904 BGB
      Patient: ...
      geb. am ...   , wohnhaft ...

Sehr geehrte Damen und Herren,

als Bevollmächtigter des o. g. Patienten beantrage ich gem. § 1904 BGB, meine Einwilligung in folgende ärztliche Maßnahme betreuungsgerichtlich zu genehmigen: ...
...

Begründung: Der Patient hat mir am ...   eine Vorsorgevollmacht erteilt. In die Vollmacht sind ausdrücklich auch Maßnahmen im Sinne von § 1904 BGB einbezogen. Der Patient leidet an ...
Er ist nicht mehr entscheidungsfähig.

Der behandelnde Arzt rät, die oben genannte Maßnahme vorzunehmen, weil ...
...
Mit der Maßnahme ist allerdings folgende begründete Gefahr verbunden: ...
...

Ich beantrage deshalb, meine Einwilligung betreuungsgerichtlich zu genehmigen.

Unterschrift

Anlagen: Vollmachtsurkunde, ärztliches Zeugnis

Karl Mustermann
Musterstraße 1
11222 Musterstadt
Tel.: +49 1111 223344
Fax: +49 1111 223345
E-Mail: karl@mustermann.de

Karl Mustermann | Musterstraße 1 | 11222 Musterstadt

Musterstadt, den 01.05.2015

Betreff: Genehmigung nach § 1904 BGB
Patient: ...
geb. am ... , wohnhaft ...

Sehr geehrte Damen und Herren,

als Bevollmächtigter des o. g. Patienten beantrage ich gem. § 1904 BGB, meine Nichteinwilligung in folgende ärztliche Maßnahme betreuungsgerichtlich zu genehmigen: ...
...

Begründung: Der Patient hat mir am ... eine Vorsorgevollmacht erteilt. In die Vollmacht sind ausdrücklich auch Maßnahmen im Sinne von § 1904 BGB einbezogen. Der Patient leidet an ...
Er ist nicht mehr entscheidungsfähig.

Der behandelnde Arzt rät, die oben genannte Maßnahme vorzunehmen, weil ...
...
Ich willige jedoch nicht in diese Maßnahme ein, weil ...
...

Ich beantrage, meine Entscheidung zu genehmigen, da auf Grund des Unterbleibens der Maßnahme die begründete Gefahr besteht, dass ...

Unterschrift

Anlagen: Vollmachtsurkunde, ärztliches Zeugnis

Karl Mustermann

Musterstraße 1

11222 Musterstadt

Tel.: +49 1111 223344

Fax: +49 1111 223345

E-Mail: karl@mustermann.de

Karl Mustermann | Musterstraße 1 | 11222 Musterstadt

Musterstadt, den 01.05.2015

Betreff: Genehmigung einer ärztlichen Maßnahme gem. § 1904 BGB

Patient: ...

geb. am ... , wohnhaft ...

Sehr geehrte Damen und Herren,

der o. g. Patient ist seit ... in meiner Behandlung. Diagnose: ...

...

Der Patient ist nicht einwilligungsfähig. Vorgesehene ärztliche Maßnahme, Begründung ihrer Notwendigkeit und Darlegung der mit ihr verbundenen begründeten Gefahren (Risiken): ...

...

Der gesetzliche Betreuer mit Aufgabenkreis Gesundheitsfürsorge/der Bevollmächtigte für Gesundheitsfragen einschließlich gefährlicher ärztlicher Maßnahmen

..., wohnhaft ...,

Tel.: ... Fax: ...

hat in die vorgesehene ärztliche Maßnahme eingewilligt. Die Maßnahme muss spätestens in ... Tagen/Wochen erfolgen. Wir bitten, die gerichtliche Entscheidung uns sowie dem Betreuer/Bevollmächtigten möglichst per Fax bekannt zu geben. Falls innerhalb des genannten Zeitraums eine gerichtliche Entscheidung aus Zeitgründen nicht möglich ist, bitten wir um kurzen Bescheid, damit nach § 1904 I S. 2 BGB entschieden werden kann.

Unterschrift

Anlage: Kopie der Betreuerurkunde/der Vollmacht

Karl Mustermann

Musterstraße 1
11222 Musterstadt
Tel.: +49 1111 223344
Fax: +49 1111 223345
E-Mail: karl@mustermann.de

Karl Mustermann | Musterstraße 1 | 11222 Musterstadt

Musterstadt, den 01.05.2015

Betreff: Einstweilige Unterbringung gem. § 1846 BGB
Patient: ...
geb. am ...   , wohnhaft ...

Sehr geehrte Damen und Herren,

der o. g. Patient ist seit ...   in meiner Behandlung. Diagnose: ...

Zu seinem eigenen Schutz muss der Patient in einer geschlossenen (beschützenden) Einrichtung/Station untergebracht werden, weil ...
...

Der Patient kann die Notwendigkeit dieser freiheitsentziehenden Unterbringung krankheitsbedingt nicht erkennen und keine rechtswirksame Einwilligung erteilen.

Vertrauensperson/nächster Angehöriger ist ...

Eine Vollmacht für Unterbringung ist nicht erteilt worden. Die Voraussetzungen für die Einrichtung einer gesetzlichen Betreuung liegen meiner Einschätzung nach vor, ein Betreuer ist jedoch noch nicht bestellt worden.

Ich bitte daher, die Unterbringung durch einstweilige Maßregel anzuordnen und die gerichtliche Entscheidung per Fax bekannt zu geben.

Unterschrift

Musterschreiben (9) des Arztes an das Betreuungsgericht wegen einstweiliger Maßregel zur Unterbringung

Karl Mustermann

Musterstraße 1
11222 Musterstadt
Tel.: +49 1111 223344
Fax: +49 1111 223345
E-Mail: karl@mustermann.de

Karl Mustermann | Musterstraße 1 | 11222 Musterstadt

Musterstadt, den 01.05.2015

Betreff: Genehmigung nach § 1906 Abs. 4 BGB
Patient: ...
geb. am ... , wohnhaft ...

Sehr geehrte Damen und Herren,

als gesetzlicher Betreuer des o. g. Patienten beantrage ich gem. § 1906 Abs. 4 BGB, meine Einwilligung in folgende freiheitsentziehende Maßnahmen Betreuungsgerichtlich zu genehmigen: ...

...

Begründung: Durch Beschluss des Betreuungsgerichts bin ich zum gesetzlichen Betreuer mit dem Aufgabenkreis Aufenthaltsbestimmung/freiheitsentziehende Maßnahmen bestellt worden. Der Patient ist schwer erkrankt und leidet an ...

Der behandelnde Arzt rät, die oben genannte Maßnahme vorzunehmen, weil sonst die Gefahr besteht, dass ...

Der Patient ist krankheitsbedingt nicht fähig, Art, Bedeutung und Tragweite der Maßnahme zu erfassen und den Willen hiernach zu bestimmen. Deshalb bin ich als Betreuer berufen, die Entscheidung zu treffen. Unter den gegebenen Umständen ist die o. g. freiheitsentziehende Maßnahme das einzige Mittel, um den Patienten vor Selbstgefährdung zu schützen. Nach reiflicher Überlegung habe ich mich daher entschlossen, in die vorgeschlagene Maßnahme einzuwilligen. Ich bitte um betreuungsgerichtliche Genehmigung.

Unterschrift

Anlagen: Bestellungsurkunde, ärztliches Zeugnis

Karl Mustermann

Musterstraße 1

11222 Musterstadt

Tel.: +49 1111 223344

Fax: +49 1111 223345

E-Mail: karl@mustermann.de

Karl Mustermann | Musterstraße 1 | 11222 Musterstadt

Musterstadt, den 01.05.2015

Betreff: Genehmigung nach § 1906 Abs. 5 BGB

Patient: ...

geb. am ...   , wohnhaft ...

Sehr geehrte Damen und Herren,

als Bevollmächtigter des o.g. Patienten beantrage ich gem. § 1906 Abs. 5 BGB, meine Einwilligung in folgende freiheitsentziehende Maßnahmen betreuungsgerichtlich zu genehmigen:

...

Begründung: Der Patient hat mir am ...   eine Vorsorgevollmacht erteilt. In die Vollmacht sind ausdrücklich auch Maßnahmen im Sinne von § 1906 Abs. 4 BGB einbezogen. Der Patient ist schwer erkrankt und leidet an ...

Der behandelnde Arzt rät, die oben genannte Maßnahme vorzunehmen, weil sonst die Gefahr besteht, dass ...

...

Der Patient ist krankheitsbedingt nicht fähig, Art, Bedeutung und Tragweite der Maßnahme zu erfassen und den Willen hiernach zu bestimmen. Deshalb bin ich als Bevollmächtigter berufen, die Entscheidung zu treffen. Unter den gegebenen Umständen ist die o. g. freiheitsentziehende Maßnahme das einzige Mittel, um den Patienten vor Selbstgefährdung zu schützen. Nach reiflicher Überlegung habe ich mich deshalb entschlossen, in die vorgeschlagene Maßnahme einzuwilligen. Ich bitte um betreuungsgerichtliche Genehmigung.

Unterschrift

Anlagen: Vollmachtsurkunde, ärztliches Zeugnis

Karl Mustermann

Musterstraße 1
11222 Musterstadt
Tel.: +49 1111 223344
Fax: +49 1111 223345
E-Mail: karl@mustermann.de

Karl Mustermann | Musterstraße 1 | 11222 Musterstadt

Musterstadt, den 01.05.2015

Betreff: Aufsicht über Betreuer nach § 1837 Abs. 2, BGB/
Einstweilige Maßregel gem. § 1846 BGB, Aktenzeichen ...
Patient: ...
geb. am ... , wohnhaft ...

Sehr geehrte Damen und Herren,

als behandelnder Arzt des o. g. Patienten halte ich folgende freiheitsentziehende Schutz-maßnahmen für dringend erforderlich: ...
Würde diese unterlassen, besteht folgende Gefahr: ...
...

Der Patient kann seine Einwilligung zu der Maßnahme nicht geben, da er krankheitsbedingt entscheidungsunfähig ist. Der zuständige gesetzliche Betreuer
..., wohnhaft ...,
verweigert mit folgender Begründung seine Einwilligung: ...
...

Die Entscheidung des Betreuers ist in keiner Weise nachvollziehbar und widerspricht in ekla-tanter Weise dem Wohl meines Patienten. Ich beantrage deshalb, dem Betreuer gem. § 1837 Abs. 2 BGB entsprechende Anweisungen zu erteilen oder ihn wegen fehlender Eignung zu entlassen und im Wege einer einstweiligen Maßregel die oben beschriebene freiheitsentzie-hende Schutzmaßnahme zu genehmigen.

Unterschrift

Karl Mustermann

Musterstraße 1
11222 Musterstadt
Tel.: +49 1111 223344
Fax: +49 1111 223345
E-Mail: karl@mustermann.de

Karl Mustermann | Musterstraße 1 | 11222 Musterstadt

Musterstadt, den 01.05.2015

L   ⌐

Betreff: Bestellung eines Kontrollbetreuers nach § 1896 Abs. 3 BGB/
Einstweilige Maßregel nach § 1846 BGB
Patient: ...
geb. am ...   , wohnhaft ...

Sehr geehrte Damen und Herren,

als behandelnder Arzt des o. g. Patienten halte ich folgende freiheitsentziehende Schutzmaßnahmen für dringend erforderlich: ...

...

Würde diese unterlassen, besteht folgende Gefahr: ...

...

Der Patient kann seine Einwilligung zu der Maßnahme nicht geben, da er krankheitsbedingt
entscheidungsunfähig ist. Der von ihm bestellte Bevollmächtigte
..., 					wohnhaft ...,
verweigert mit folgender Begründung seine Einwilligung: ...

...

Die Entscheidung des Bevollmächtigten ist in keiner Weise nachvollziehbar und widerspricht
in eklatanter Weise dem Wohl meines Patienten. Ich beantrage deshalb, im Wege einer einstweiligen Anordnung einen Kontrollbetreuer zu bestellen, die Vollmacht insoweit zu widerrufen
und im Wege einer einstweiligen Maßregel die oben beschriebenen freiheitsentziehenden
Schutzmaßnahmen zu genehmigen.

Unterschrift

Musterschreiben (13) des Arztes an das Betreuungsgericht wegen Fehlentscheidung des Bevollmächtigten

Karl Mustermann

Musterstraße 1

11222 Musterstadt

Tel.: +49 1111 223344

Fax: +49 1111 223345

E-Mail: karl@mustermann.de

Karl Mustermann | Musterstraße 1 | 11222 Musterstadt

Musterstadt, den 01.05.2015

Betreff: Einstweilige freiheitsentziehende Maßregel gem. § 1846 BGB

Patient: ...

geb. am ...   , wohnhaft ...

Sehr geehrte Damen und Herren,

der o. g. Patient ist seit ...   in meiner Behandlung. Diagnose: ...

Zu seinem eigenen Schutz müssen bei dem Patienten folgende freiheitsentziehende Schutzmaßnahmen vorgenommen werden: ...

Würden sie unterlassen, besteht folgende Gefahr: ...

Der Patient kann die Notwendigkeit dieser Schutzmaßnahme krankheitsbedingt nicht erkennen und keine rechtswirksame Einwilligung erteilen.

Vertrauensperson/nächster Angehöriger ist ...

Eine Vollmacht für freiheitsentziehende Maßnahmen ist nicht erteilt worden. Die Voraussetzungen für die Einrichtung einer gesetzlichen Betreuung liegen nach meiner Einschätzung vor. Ein Betreuer ist noch nicht bestellt worden.

Ich bitte deshalb um Genehmigung der genannten freiheitsentziehenden Schutzmaßnahmen im Wege einer einstweiligen Maßregel und um Bekanntgabe der gerichtlichen Entscheidung per Fax.

Unterschrift

Karl Mustermann

Musterstraße 1

11222 Musterstadt

Tel.: +49 1111 223344

Fax: +49 1111 223345

E-Mail: karl@mustermann.de

Karl Mustermann | Musterstraße 1 | 11222 Musterstadt

Musterstadt, den 01.05.2015

⌐   ¬

∟   ⌟

Betreff: Betreuungsgerichtliche Genehmigung

Patient: ...

geb. am ...   , wohnhaft ...

Sehr geehrte Damen und Herren,

als gesetzlicher Betreuer des o. g. Patienten beantrage ich, meine Nichteinwilligung in folgende ärztliche Maßnahme zu genehmigen: ...

Begründung: Durch Beschluss des Betreuungsgerichts vom ...   bin ich zum gesetzlichen Betreuer bestellt worden. Mein Aufgabenkreis umfasst (u. a.) die Gesundheitsangelegenheiten des Betreuten. Der Betreute leidet an ...

Er ist nicht mehr einwilligungsfähig. Behandelnder Arzt ist ...,

wohnhaft ...,   Tel.: ...

Er möchte die o. g. ärztliche Maßnahme vornehmen. Der Betreute hat jedoch in seiner Patientenverfügung für den Fall seiner Einwilligungsunfähigkeit diese Maßnahme untersagt. Seine Festlegungen treffen auf die aktuelle Lebens- und Behandlungssituation zu. Dies wird von folgenden Angehörigen/Vertrauenspersonen des Betreuten bestätigt: ...

...

In Umsetzung des Willens des Betreuten verweigere ich deshalb meine Einwilligung in die vorgeschlagene Maßnahme. Da der behandelnde Arzt nicht der Meinung ist, dass meine Entscheidung dem Willen des Betreuten entspricht, beantrage ich, meine Nichteinwilligung in die Maßnahme gem. § 1904 Abs. 2 und 3 BGB zu genehmigen.

Unterschrift

Anlagen: Bestellungsurkunde, Patientenverfügung (ärztliches Zeugnis)

Musterschreiben (15a) des Betreuers wegen Nichteinwilligung in lebenserhaltende Maßnahmen

Karl Mustermann

Musterstraße 1
11222 Musterstadt
Tel.: +49 1111 223344
Fax: +49 1111 223345
E-Mail: karl@mustermann.de

Karl Mustermann | Musterstraße 1 | 11222 Musterstadt

Musterstadt, den 01.05.2015

Betreff: Betreuungsgerichtliche Genehmigung
Patient: ...
geb. am ...   , wohnhaft ...

Sehr geehrte Damen und Herren,

als Bevollmächtigter des o. g. Patienten beantrage ich, meine Nichteinwilligung in folgende ärztliche Maßnahme zu genehmigen: ...
Begründung: Der Patient hat mir am ...   eine Vorsorgevollmacht erteilt. In die Vollmacht sind ausdrücklich auch Maßnahmen im Sinne von § 1904 BGB einbezogen. Der Patient leidet an ...
Er ist nicht mehr einwilligungsfähig. Behandelnder Arzt ist ...,
wohnhaft ...,   Tel.: ...
Er möchte die o. g. ärztliche Maßnahme vornehmen. Der Patient hat jedoch in seiner Patientenverfügung für den Fall seiner Einwilligungsunfähigkeit diese Maßnahme untersagt. Seine Festlegungen treffen auf die aktuelle Lebens- und Behandlungssituation zu. Dies wird von folgenden Angehörigen/Vertrauenspersonen des Betreuten bestätigt: ...
...

In Umsetzung des Willens des Betreuten verweigere ich deshalb meine Einwilligung in die vorgeschlagene Maßnahme. Da der behandelnde Arzt nicht der Meinung ist, dass meine Entscheidung dem Willen des Betreuten entspricht, beantrage ich, meine Nichteinwilligung in die Maßnahme gem. § 1904 Abs. 2 und 3 BGB zu genehmigen.

Unterschrift

Anlagen: Vollmacht, Patientenverfügung (ärztliches Zeugnis)

Karl Mustermann
Musterstraße 1
11222 Musterstadt
Tel.: +49 1111 223344
Fax: +49 1111 223345
E-Mail: karl@mustermann.de

Musterstadt, den 01.05.2015

Betreff: Betreuungsgerichtliche Zustimmung § 1904 BGB
      Patient: ...
      geb. am ...   , wohnhaft ...

Sehr geehrte Damen und Herren,

als gesetzlicher Betreuer des o. g. Patienten möchte ich – seinem mutmaßlichen Willen entsprechend – meine Einwilligung in die Fortsetzung der folgenden lebenserhaltenden Maßnahmen verweigern: ...
      Ich beantrage, meiner Weigerung betreuungsgerichtlich zuzustimmen. Begründung: ...
...
      Durch Beschluss des Betreuungsgerichts vom ...   bin ich zum gesetzlichen Betreuer bestellt worden. Mein Aufgabenkreis umfasst (u. a.) die Gesundheitsangelegenheiten des Betreuten. Er ist schwer unheilbar erkrankt und leidet an ...
Behandelnder Arzt ist ...,
wohnhaft ...,   Tel.: ...
      Der Betreute kann seinen Willen krankheitsbedingt nicht äußern. Auf Grund folgender konkreter Anhaltspunkte bin ich der Überzeugung, dass der Betreute mit der o. g. lebenserhaltenden Maßnahme nicht einverstanden ist: ...
      Obwohl auch der behandelnde Arzt mit mir der Meinung ist, dass die Fortsetzung der lebenserhaltenden Maßnahme dem Willen des Betreuten widerspricht, bitte ich dennoch um eine gerichtliche Genehmigung meiner Entscheidung.

Unterschrift

Anlagen: ...

VORSORGEVOLLMACHT

(Formulierungsvorschlag;
Beratung und Beurkundung durch Notar wird empfohlen)

Ich, ...
(Name, Vorname, Geburtsdatum)
...
(Anschrift)

erteile hiermit

1. ...
(Name, Vorname, Geburtsdatum)
...
(Anschrift)

2. ...
(Name, Vorname, Geburtsdatum)
...
(Anschrift)

je einzeln die widerrufliche Vollmacht, mich in allen meinen persönlichen Angelegenheiten, auch soweit sie meine Gesundheit, meinen Aufenthalt und meine Unterbringung betreffen, sowie in allen Vermögens-, Renten-, Versorgungs-, Steuer- und sonstigen Rechtsangelegenheiten in jeder denkbaren Richtung zu vertreten.

Die Vollmacht berechtigt insbesondere zur Verwaltung meines Vermögens, zur Verfügung über Vermögensgegenstände, zum Vermögenserwerb, zum Inkasso, zur Eingehung von Verbindlichkeiten, zum Abschluss eines Heimvertrages oder einer ähnlichen Vereinbarung, zur Auflösung des Mietverhältnisses über meine Wohnung, zur Beantragung von Renten, von Versorgungsbezügen, von Sozialhilfe oder von Leistungen der Pflegeversicherung, zu geschäftsähnlichen Handlungen und zu allen Verfahrenshandlungen.

Grundstücksgeschäfte können die Bevollmächtigten nur gemeinsam abschließen. Schenkungen können in dem Rahmen vorgenommen werden, der einem Betreuer gesetzlich gestattet wird.

Jeder Bevollmächtigte darf Untervollmacht erteilen, ist von den Beschränkungen des § 181 BGB befreit und darf gleichzeitig mich selbst und einen Dritten vertreten. Jeder Bevollmächtigte darf dem anderen gegenüber meine Rechte geltend machen, die Vollmacht jedoch nicht widerrufen.

Soweit die Vollmacht auch Angelegenheiten meiner Gesundheit betrifft, sind die behandelnden Ärzte berechtigt und verpflichtet, meine Bevollmächtigten über die Art meiner Erkrankung, meinen Zustand und die Prognose aufzuklären. Meine Bevollmächtigten dürfen an meiner Stelle in alle Maßnahmen zur Diagnose und Behandlung einer Krankheit einwilligen oder die Einwilligung hierzu verweigern. Sie sind befugt, auch dann in Untersuchungen des Gesundheitszustandes, eine Heilbehandlung oder einen ärztlichen Eingriff einzuwilligen, wenn dadurch die begründete Gefahr besteht, dass ich auf Grund der Maßnahme sterbe oder einen schweren und länger dauernden gesundheitlichen Schaden erleide (§ 1904 Abs. 1 BGB). Ebenso erstreckt sich die Vollmacht auch auf die Befugnis, in solche Maßnahmen nicht einzuwilligen oder die Einwilligung zu widerrufen, auch wenn die begründete Gefahr besteht, dass ich auf Grund des Unterbleibens oder des Abbruchs der Maßnahmen sterbe oder einen schweren und länger dauernden gesundheitlichen Schaden erleide (§1904 Abs. 2 BGB). Meine Patientenverfügung ist zu befolgen. Im Zweifelsfall ist eine Genehmigung des Betreuungsgerichts erforderlich.

Soweit die Vollmacht Angelegenheiten meines Aufenthalts und meiner Unterbringung betrifft, sind die Bevollmächtigten auch befugt, eine mit Freiheitsentziehung verbundene Unterbringung oder freiheitsentziehende Maßnahmen (mechanische Vorrichtungen, Medikamente oder andere Maßnahmen, durch die über einen längeren Zeitraum oder regelmäßig die Freiheit entzogen werden soll) zu veranlassen. Auch sind sie befugt, während einer Unterbringung in eine ärztliche Zwangsmaßnahme einzuwilligen, wenn und solange dergleichen zu meinem Wohl dringend erforderlich ist. Für Einwilligungen in Freiheitsentziehungen und in ärztliche Zwangsmaßnahmen ist eine Genehmigung des Betreuungsgerichts erforderlich.

Diese in allen oder einzelnen Bereichen ausschließlich von mir jederzeit widerrufliche Vollmacht und das ihr zugrundeliegende Auftragsverhältnis erlischt nicht durch meinen Tod oder den Verlust meiner Geschäftsfähigkeit oder Selbstbestimmungsfähigkeit.

Ort und Datum: ...

Unterschrift

GESUNDHEITSVOLLMACHT

(Formulierungsvorschlag)

Ich ...
(Name, Vorname, Geburtsdatum)
...
(Anschrift)

erteile hiermit

1. ...
(Name, Vorname, Geburtsdatum)
...
(Anschrift)

2. ...
(Name, Vorname, Geburtsdatum)
...
(Anschrift)

je einzeln die widerrufliche Vollmacht, mich bei sämtlichen Gesundheitsangelegenheiten zu vertreten. Die behandelnden Ärzte sind berechtigt und verpflichtet, meine Bevollmächtigten über die Art meiner Erkrankung, meinen Zustand und die Prognose aufzuklären. Meine Bevollmächtigten dürfen an meiner Stelle in alle Maßnahmen zur Diagnose und Behandlung einer Krankheit einwilligen oder die Einwilligung hierzu verweigern. Sie sind befugt, auch dann in Untersuchungen des Gesundheitszustandes, eine Heilbehandlung oder einen ärztlichen Eingriff einzuwilligen, wenn dadurch die begründete Gefahr besteht, dass ich auf Grund der Maßnahme sterbe oder einen schweren und länger dauernden gesundheitlichen Schaden erleide (§ 1904 Abs. 1 BGB). Ebenso erstreckt sich die Vollmacht auch auf die Befugnis, in solche Maßnahmen nicht einzuwilligen oder die Einwilligung zu widerrufen, auch wenn die begründete Gefahr besteht, dass ich auf Grund des Unterbleibens oder des Abbruchs der Maßnahmen sterbe oder einen schweren und länger dauernden gesundheitlichen Schaden erleide (§ 1904 Abs. 2 BGB). Meine Patientenverfügung ist zu befolgen. Im Zweifelsfall ist eine Genehmigung des Betreuungsgerichts erforderlich.

Die Vollmacht umfasst auch die Befugnis, freiheitsentziehende Maßnahmen (mechanische Vorrichtungen, Medikamente oder andere Maßnahmen, durch die über einen längeren Zeitraum oder regelmäßig die Bewegungsfreiheit entzogen werden soll) zu veranlassen, wenn und solange dergleichen zu meinem Wohl erforderlich ist. In diesen Fällen muss die Genehmigung des Betreuungsgerichts eingeholt werden.

Datum und Unterschrift des Vollmachtgebers:

...

Durch ihre Unterschriften bestätigen die Bevollmächtigten jeweils, dass sie bereit sind, mich in allen Gesundheitsangelegenheiten zu vertreten, falls ich mein Selbstbestimmungsrecht nicht mehr ausüben kann.

Ferner bestätigen sie, dass ich zum Zeitpunkt meiner Unterschrift geschäftsfähig und im Vollbesitz meiner geistigen Kräfte bin.

Datum und Unterschriften der Bevollmächtigten:

1. ...

2. ...

Mustervorschlag (B) Gesundheitsvollmacht

VORSORGEVOLLMACHT BEI KLINIKAUFNAHME

Vorinformation: Falls Sie bisher keine Vorsorgevollmacht erteilt haben, können Sie für den Fall, dass Sie während Ihres Klinkaufenthalts zeitweilig nicht mehr selbst Entscheidungen treffen können, einer Person Ihres Vertrauens eine Vorsorgevollmacht erteilen. Wir haben für Sie eine mögliche Form vorbereitet (natürlich steht es Ihnen dabei frei, Teile zu streichen, zu ergänzen oder ganz auf eine solche Vollmacht zu verzichten). Selbstverständlich können Sie auch eigene Formulierungen verwenden oder uns über bestehende Vorsorgevollmachten informieren. Nachfolgend ein Textvorschlag:

Ich ... (Name, Vorname, Geburtsdatum, Anschrift)

erteile hiermit ... (Name, Vorname, Geburtsdatum, Anschrift, Tel.)

für den Fall, dass ich während meines Aufenthalts in der Klinik geschäfts -und einwilligungsunfähig werden sollte, die Vollmacht, mich in allen Fragen der medizinischen und pflegerischen Versorgung in jeder denkbaren Weise zu vertreten. Der Bevollmächtigte darf an meiner Stelle in alle Maßnahmen zur Diagnose und Behandlung einer Krankheit einwilligen oder die Einwilligung hierzu verweigern. Dies gilt auch dann, wenn die begründete Gefahr besteht, dass ich auf Grund der Maßnahme sterbe oder einen schweren und länger dauernden gesundheitlichen Schaden erleide (eventuell mit gerichtlicher Genehmigung).

Die Vollmacht berechtigt und verpflichtet die behandelnden Ärzte, meinen Bevollmächtigten über die Art meiner Erkrankung, meinen Zustand und die Prognose aufzuklären. Ich entbinde hiermit die behandelnden Ärzte ausdrücklich von ihrer Schweigepflicht.

Folgende Personen dürfen (neben meinem Bevollmächtigten) auf Anfrage über meinen Gesundheitszustand informiert werden:
1. ... (Name, Vorname, Geburtsdatum)
2. ... (Name, Vorname, Geburtsdatum)

Die Vollmacht berechtigt auch zu einer Einwilligung in eventuell erforderliche freiheitsentziehende Schutzmaßnahmen (eventuell mit gerichtlicher Genehmigung) sowie in eine Verlegung in eine andere Klinik.

Diese Vollmacht ist jederzeit widerruflich. Meinen Bevollmächtigten habe ich über die Vollmachterteilung unterrichtet. Er ist bereit, mich im Falle meiner Geschäfts- und Einwilligungsunfähigkeit zu vertreten.

Für Entscheidungen, die nicht aufgrund meiner Vollmacht getroffen werden können, verfüge ich, dass mein Bevollmächtigter zum Betreuer bestellt werden soll.

Datum und Unterschrift

PATIENTENVERFÜGUNG

(Formulierungsvorschlag/nicht Zutreffendes streichen)

Meine Personalien:
Name: …,   Vorname: …
geb. am: …,   Geburtsort: …
Wohnort: …,   Straße: …

Die folgende Verfügung bedeutet keinen generellen Behandlungsverzicht. Für den Fall aber, dass ich durch Krankheit oder Unfall meine Urteils- und Entscheidungsfähigkeit (Einwilligungs-fähigkeit) nach ärztlicher Einschätzung aller Wahrscheinlichkeit nach auf Dauer verloren habe und ich

>> mich unabwendbar und unmittelbar im Sterben befinde oder

>> mich im Endstadium einer unheilbaren, tödlich verlaufenden Krankheit befinde, selbst wenn der Todeszeitpunkt noch nicht absehbar ist oder

>> in Folge einer Gehirnschädigung meine Fähigkeit, Einsichten zu gewinnen, Entscheidun-gen zu treffen, mein Umfeld wahrzunehmen und mit anderen Menschen in Kontakt zu treten, nach ärztlicher Einschätzung aller Wahrscheinlichkeit nach unwiederbringlich verloren habe, selbst wenn der Todeszeitpunkt noch nicht absehbar ist; dabei ist mir bewusst, dass in solchen Situationen die Fähigkeit zu inneren Empfindungen erhalten sein kann und die Rückkehr in ein bewusstes Leben nicht mit letzter Sicherheit aus-geschlossen werden kann, oder

>> in Folge eines weit fortgeschrittenen Hirnabbauprozesses (z. B. einer Demenzerkrankung) auch mit ausdauernder Hilfestellung nicht mehr in der Lage bin, Nahrung und Flüssigkeit auf natürliche Weise zu mir zu nehmen,

verfüge ich:

1. Es sollen alle möglichen lebenserhaltenden Maßnahmen unterlassen werden. Ich wün-sche jedoch in jedem Fall eine menschenwürdige Unterbringung, Zuwendung und Körper-pflege sowie eine fachgerechte medizinische Versorgung und Pflege (Palliative Care). Hunger und Durst sollen auf natürliche Weise gestillt werden.

2. Es soll keine künstliche Ernährung mehr erfolgen, unabhängig von der Form der Zufüh-rung (z. B. Magensonde durch die Nase oder Bauchdecke oder venöse Zugänge). Eine künstliche Flüssigkeitszufuhr darf nur zur Linderung meiner Beschwerden erfolgen.

3. Antibiotika, Blut und Blutbestandteile dürfen nur gegeben werden, wenn sie zur Lin-derung meiner Beschwerden beitragen.

4. Es soll keine künstliche Beatmung durchgeführt bzw. eine schon eingeleitete eingestellt werden, unter der Voraussetzung, dass ich Medikamente zur Linderung der Luftnot erhalte. Die Möglichkeit einer Bewusstseinsdämpfung oder einer ungewollten Verkürzung meiner Lebenszeit durch diese Medikamente nehme ich in Kauf.

5. Bei Herz-Kreislauf-Stillstand oder Atemversagen sind Wiederbelebungsversuche zu unterlassen. Es soll keine Notfallbehandlung erfolgen.

6. Auch die folgenden lebenserhaltenden Maßnahmen sollen nicht durchgeführt bzw. eingestellt werden: ....

7. Ich erwarte eine jeweils den neuesten wissenschaftlichen Erkenntnissen entsprechende Schmerztherapie. Atemnot, Angst, Unruhe und andere mich belastende Zustände sollen verhindert bzw. gelindert werden.

8. Wenn alle medizinisch möglichen Hilfestellungen zur Schmerz- und Symptomkontrolle versagen, wünsche ich zur Linderung meiner Beschwerden auch bewusstseinsdämpfende Medikamente. Mit einer möglichen Verkürzung meiner Lebenszeit durch solche Maßnahmen bin ich einverstanden.

9. Weitere Wünsche, Anordnungen und meine Wertvorstellungen: ...

10. Ich stimme einer Entnahme meiner Organe nach meinem Hirntod zu Transplantationszwecken zu. Ich habe einen Organspendeausweis ausgefüllt. Komme ich nach ärztlicher Beurteilung bei einem nach Einstellung lebenserhaltender Maßnahmen sich abzeichnenden Hirntod als Organspender in Betracht, dürfen hierfür alle Maßnahmen zur Lebenserhaltung, die ich in meiner Patientenverfügung ausgeschlossen habe, kurzfristig fortgesetzt werden.

Als Vertrauensperson benenne ich:
Name, Vorname, Geburtsdatum: ...
Adresse: ...
Telefon: ...

Mit ihr habe ich meine Patientenverfügung besprochen. Sie ist bereit, über meine Wünsche und meinen Willen Auskunft zu geben. Durch ihre Unterschrift bestätigt sie, dass sie keinen Zweifel an meiner Einsichts- und Entscheidungsfähigkeit hat.

Ort, Datum, Unterschrift der Vertrauensperson

Ich habe zusätzlich zu dieser Patientenverfügung eine Vollmacht erteilt an:
Name, Vorname, Geburtsdatum: ...
Adresse: ...
Telefon: ...

Meine Patientenverfügung soll nur im Einvernehmen mit meinen Bevollmächtigten umgesetzt werden.

Mein Hausarzt/meine Hausärztin hat meine Patientenverfügung zur Kenntnis genommen.
Name: ...
Adresse: ...
Telefon: ...
Stempel/Unterschrift

Mein Hausarzt/meine Hausärztin ist bereit, über meinen Gesundheitszustand und über meine Wünsche und Vorstellungen Auskunft zu geben. Ich entbinde ihn/sie von der Schweigepflicht gegenüber meiner Vertrauensperson und dem behandelnden Arzt/der behandelnden Ärztin. In Situationen, die in dieser Patientenverfügung nicht konkret geregelt sind, ist mein mutmaßlicher Wille möglichst im Einvernehmen mit allen Beteiligten zu ermitteln. Dafür soll diese Patientenverfügung als Richtschnur maßgeblich sein.

Ich unterschreibe diese Verfügung nach sorgfältiger Überlegung und als Ausdruck meines Selbstbestimmungsrechts. Mir ist die Möglichkeit einer Änderung oder eines Widerrufs der Patientenverfügung bekannt. Ich wünsche nicht, dass mir in der akuten Situation eine Änderung meines hiermit bekundeten Willens unterstellt wird. Sollten wegen bestimmter Gesten, Blicke oder anderer Äußerungen Zweifel aufkommen, ob ich in einer aktuellen Situation nicht doch noch eine lebenserhaltende Behandlung erfahren möchte, soll möglichst im Einvernehmen mit allen Beteiligten ermittelt werden, ob die Festlegungen in der Verfügung noch meinem aktuellen Willen entsprechen.

Ich habe mich vor der Erstellung dieser Patientenverfügung beraten lassen durch
...

Ort, Datum und Unterschrift der verfügenden Person
...

Aktualisierung der Patientenverfügung:
Um meinen in der Patientenverfügung niedergelegten Willen zu bekräftigen, bestätige ich diesen nachstehend
>> in vollem Umfang
>> mit folgenden Änderungen: ...

Datum und Unterschrift

Um meinen in der Patientenverfügung niedergelegten Willen zu bekräftigen, bestätige ich diesen nachstehend
>> in vollem Umfang
>> mit folgenden Änderungen: ...

Datum und Unterschrift

Um meinen in der Patientenverfügung niedergelegten Willen zu bekräftigen, bestätige ich diesen nachstehend
>> in vollem Umfang
>> mit folgenden Änderungen ...

Datum und Unterschrift

BETREUUNGSVERFÜGUNG

Meine Personalien:
Name: …,   Vorname: …
geb. am: …,   Geburtsort: …
Wohnort: …,   Straße: …

Es kann geschehen, dass ich durch Krankheit, Behinderung oder Unfall in einen Zustand gerate, in dem ich meine Angelegenheiten teilweise oder ganz nicht mehr besorgen kann. Ich kenne zurzeit niemanden, dem ich eine Vollmacht erteilen möchte. Hierüber habe ich mir Gedanken gemacht.

Wenn bei mir der oben angesprochene Zustand eintritt, erwarte ich, dass meinem in der folgenden Betreuungsverfügung festgelegten Willen Folge geleistet wird.

Als Person, die mich betreuen soll, schlage ich vor:
Name: …,   Vorname: …
geb. am: …,   Geburtsort: …
Wohnort: …,   Straße: …

und/oder
Name: …,   Vorname: …
geb. am: …,   Geburtsort: …
Wohnort: …,   Straße: …

Auf keinen Fall zur Betreuerin/zum Betreuer bestellt werden soll:
Name: …,   Vorname: …
geb. am: …,   Geburtsort: …
Wohnort: …,   Straße: …

Meine Wünsche und Vorstellungen für meine Betreuung bezüglich:
Verwaltung meines Vermögens: …
Sorge für meine Gesundheit: …
Pflegerische Versorgung: …
Sonstige Wünsche: …

Ich erwarte, dass die Betreuungsverfügung beachtet wird, außer sie würde meinem Wohle zuwiderlaufen oder die Erfüllung eines Wunsches wäre nicht zumutbar.

Ort, Datum und Unterschrift

PATIENTENANWEISUNG

Ich, ...

(Name, Voname, Geburtsdatum)

...

(Straße, Wohnort)

verfüge

1. für den Fall eines Herz-Kreislauf-Stillstandes:
   - Es soll kein Notarzt gerufen werden.
   - Es darf keine Wiederbelebung erfolgen.
2. für den Fall einer sonstigen lebensbedrohlichen Situation, in der ich mich nicht mehr äußern kann:
   - Es sollen nur lindernde (palliative) Maßnahmen ausschließlich zur Symptomkontrolle ergriffen und eine ausreichende Schmerztherapie erfolgen, ggf. Sauerstoffgabe und Absaugung und beruhigende Therapie bei Atemnot etc.
   - Auf eine vorherige Absprache mit meinen Bevollmächtigten verzichte ich.

Begründung:

(Ausführliche Schilderung der aktuellen Erkrankung)

Ich habe mit meinem Arzt den weiteren Verlauf meiner Erkrankung und einen möglichen Herz-Kreislauf-Stillstand besprochen. Für diesen Fall verzichte ich schon jetzt bewusst und mit freiem Willen auf sämtliche Rettungsmaßnahmen. Auch in einer sonstigen lebensbedrohlichen Situation möchte ich nur noch in dem oben beschriebenen Sinne palliativ versorgt werden.

Weitere Anweisungen:

Falls ich in der oben beschriebenen Situation doch gerettet bzw. kurativ behandelt werde und einwilligungsunfähig bin, sollen meine Bevollmächtigten meine allgemeine Patientenverfügung befolgen.

Unterschriften:

Datum: ...   Patient: ...

Datum: ...   Arzt: ... (Stempel)

Datum: ...   Bevollmächtigte: ...

NOTFALLANWEISUNG DES BETREUERS

Patient/Patientin: ...
geb. am ...
leidet an folgender Grunderkrankung: ...

Er/sie ist nicht mehr einwilligungsfähig. Zusammen mit dem/der behandelnden Arzt/Ärztin bin ich der Überzeugung, dass der Patient/ die Patientin im Notfall (z. B. bei einem Herz- und Kreislaufstillstand oder in einer anderen Notfallsituation) eine Reanimation oder sonstige Notfallmaßnahmen ablehnt. Sein Wille ergibt sich aus der Patientenverfügung vom ...   bzw. aus den überzeugenden Angaben folgender Personen und folgenden Anhaltspunkten: ...
...

Ich erteile daher die Anweisung, in einer oben beschriebenen Notfallsituation eine Reanimation oder sonstige Notfallmaßnahmen zu unterlassen und palliativ-medizinische Maßnahmen zu veranlassen.

Ort, Datum

Unterschriften:

Betreuer/Bevollmächtigter
...

Arzt/Ärztin:
...

Zur Kenntnis genommen:
Stationsleitung/Pflegdienstleitung:
...

Einverstanden:
Angehörige, Vertrauensperson:
...

PFLEGEVERFÜGUNG

Verfügende Person:
geb. am: ...   , Geburtsort: ...
wohnhaft: ...

Meine Wünsche und Anweisungen:
Es kann geschehen, dass ich durch Krankheit oder Unfall in einen Zustand gerate, in dem ich meine Urteils- und Entscheidungsfähigkeit auf Dauer verloren habe, meinen Willen nicht mehr kundtun kann und dauerhaft pflegebedürftig bin.
Für diesen Fall habe ich Frau/Herrn ...
wohnhaft: ...   Tel.: ...
eine Vorsorgevollmacht erteilt, auf die ich Bezug nehme.

Wenn meine Krankheit einen irreversiblen tödlichen Verlauf annimmt oder wenn es dem Ende meines Lebens zugeht, verlange ich, dass meine Patientenverfügung befolgt wird.

Bezüglich meiner Pflege verfüge ich:
Sollte ich vollständig pflegebedürftig werden (z. B. wegen eines Schlaganfalls oder einer Demenzerkrankung im fortgeschrittenen Stadium), bin ich mit einer Verlegung in ein Pflegeheim einverstanden. Eine häusliche Pflege möchte ich meinen Angehörigen auf keinen Fall zumuten. Dafür bitte ich um regelmäßige Besuche im Pflegeheim, das sorgfältig ausgewählt werden sollte.

oder:

Ich möchte so lange wie möglich zu Hause gepflegt werden. Nur wenn die Pflege für meine Angehörigen und eventuelle Pflegedienste unzumutbar schwierig und aufwändig wird, bin ich mit der Verlegung in ein Pflegeheim einverstanden.
    Ich habe mich über die medizinischen und technischen Möglichkeiten zur Unterstützung und Erleichterung einer häuslichen Pflege informiert und erkläre mich im Voraus ausdrücklich mit einer durch meinen Bevollmächtigten/meine Bevollmächtigte angeordnete und gebilligte Überwachung meiner Person durch technische Hilfsmittel wie z. B. Kameras, Mikrofone, Sensoren, Navigationsgeräte u. Ä. einverstanden. An der Maßnahme soll Pflegefachpersonal mitwirken. Mit einer „Totalüberwachung" ohne Rücksicht auf meine Intimsphäre und meine Menschenwürde bin ich jedoch nicht einverstanden, auch wenn sich dadurch ein Risiko für meine Gesundheit und mein Leben ergeben sollte.

Mit freiheitsentziehenden Schutzmaßnahmen im häuslichen Bereich (z. B. Bettgitter, Sitzgurte, Schutzdecken) erkläre ich mich einverstanden, sofern sie von meinem Bevollmächtigten/meiner Bevollmächtigten angeordnet werden, um mich vor einer Gefährdung meiner Gesundheit oder meines Lebens zu schützen. Falls Pflegedienste freiheitsentziehende Schutzmaßnahmen vornehmen, sollte das Betreuungsgericht um eine Genehmigung ersucht werden. Mit der Installation technischer Vorrichtungen zur Durchführung von Hygienemaßnahmen bin ich einverstanden, wenn hierdurch der Verbleib in meiner Wohnung ermöglicht oder die Tätigkeit der mich pflegenden Personen erleichtert wird.

Für alle zur Unterstützung und Erleichterung der häuslichen Pflege erforderlichen technischen Maßnahmen soll mein Vermögen eingesetzt werden, soweit die Kosten nicht durch Sozialleistungen gedeckt werden können.

Meine Pflegeverfügung gilt entsprechend für einen gesetzlichen Betreuer, der vom Gericht bestellt wird, falls mein Bevollmächtigter/meine Bevollmächtigte die Vollmacht nicht ausüben kann oder will.

Diese Verfügung habe ich im Vollbesitz meiner geistigen Kräfte aus freien Stücken verfasst. Dies bestätigt mit seiner Unterschrift mein Hausarzt, mit dem ich die Verfügung besprochen habe: …,

wohnhaft: …,   Tel.: …

Ort und Datum

Unterschrift des Hausarztes

Falls ich meine Meinung über die Art und Weise, wie ich gepflegt werden möchte, ändern sollte, werde ich dafür sorgen, dass mein geänderter Wille erkennbar zum Ausdruck kommt.

Ort, Datum

Unterschrift der verfügenden Person

Printed in the United States
By Bookmasters